**Luiz Carlos Lacerda**

*Prazer & Cinema*

**Luiz Carlos Lacerda**
*Prazer & Cinema*

Alfredo Sternheim

**imprensaoficial**

São Paulo, 2007

Governador  José Serra

**imprensa oficial**  **Imprensa Oficial do Estado de São Paulo**

Diretor-presidente  Hubert Alquéres

Diretor Vice-presidente  Paulo Moreira Leite
Diretor Industrial  Teiji Tomioka
Diretor Financeiro  Clodoaldo Pelissioni
Diretora de Gestão Corporativa  Lucia Maria Dal Medico
Chefe de Gabinete  Vera Lúcia Wey

**Coleção Aplauso Série Cinema Brasil**

Coordenador Geral  Rubens Ewald Filho
Coordenador Operacional
e Pesquisa Iconográfica  Marcelo Pestana
Projeto Gráfico  Carlos Cirne
Editoração  Carlos Cirne
  Selma Brisolla
Assistente Operacional  Felipe Goulart
Tratamento de Imagens  José Carlos da Silva
Revisão  Amancio do Vale
  Dante Pascoal Corradini

# Apresentação

*"O que lembro, tenho."*
Guimarães Rosa

A *Coleção Aplauso*, concebida pela Imprensa Oficial, tem como atributo principal reabilitar e resgatar a memória da cultura nacional, biografando atores, atrizes e diretores que compõem a cena brasileira nas áreas do cinema, do teatro e da televisão.

Essa importante historiografia cênica e audiovisual brasileiras vem sendo reconstituída de maneira singular. O coordenador de nossa coleção, o crítico Rubens Ewald Filho, selecionou, criteriosamente, um conjunto de jornalistas especializados para realizar esse trabalho de aproximação junto a nossos biografados. Em entrevistas e encontros sucessivos foi-se estreitando o contato com todos. Preciosos arquivos de documentos e imagens foram abertos e, na maioria dos casos, deu-se a conhecer o universo que compõe seus cotidianos.

A decisão em trazer o relato de cada um para a primeira pessoa permitiu manter o aspecto de tradição oral dos fatos, fazendo com que a memória e toda a sua conotação idiossincrásica aflorasse de maneira coloquial, como se o biografado estivesse falando diretamente ao leitor.

Gostaria de ressaltar, no entanto, um fator importante na *Coleção*, pois os resultados obtidos ultrapassam simples registros biográficos, revelando ao leitor facetas que caracterizam também o artista e seu ofício. Tantas vezes o biógrafo e o biografado foram tomados desse envolvimento, cúmplices dessa simbiose, que essas condições dotaram os livros de novos instrumentos. Assim, ambos se colocaram em sendas onde a reflexão se estendeu sobre a formação intelectual e ideológica do artista e, supostamente, continuada naquilo que caracterizava o meio, o ambiente e a história brasileira naquele contexto e momento. Muitos discutiram o importante papel que tiveram os livros e a leitura em sua vida. Deixaram transparecer a firmeza do pensamento crítico, denunciaram preconceitos seculares que atrasaram e continuam atrasando o nosso país, mostraram o que representou a formação de cada biografado e sua atuação em ofícios de linguagens diferenciadas como o teatro, o cinema e a televisão – e o que cada um desses veículos lhes exigiu ou lhes deu. Foram analisadas as distintas linguagens desses ofícios.

Cada obra extrapola, portanto, os simples relatos biográficos, explorando o universo íntimo e psicológico do artista, revelando sua autodeterminação e quase nunca a casualidade em ter se tornado artista, seus princípios, a formação de sua personalidade, a *persona* e a complexidade de seus personagens.

São livros que irão atrair o grande público, mas que – certamente – interessarão igualmente aos nossos estudantes, pois na *Coleção Aplauso* foi discutido o intrincado processo de criação que envolve as linguagens do teatro e do cinema. Foram desenvolvidos temas como a construção dos personagens interpretados, bem como a análise, a história, a importância e a atualidade de alguns dos personagens vividos pelos biografados. Foram examinados o relacionamento dos artistas com seus pares e diretores, os processos e as possibilidades de correção de erros no exercício do teatro e do cinema, a diferenciação fundamental desses dois veículos e a expressão de suas linguagens.

A amplitude desses recursos de recuperação da memória por meio dos títulos da *Coleção Aplauso*, aliada à possibilidade de discussão de instrumentos profissionais, fez com que a Imprensa Oficial passasse a distribuir em todas as bibliotecas importantes do país, bem como em bibliotecas especializadas, esses livros, de gratificante aceitação.

Gostaria de ressaltar seu adequado projeto gráfico, em formato de bolso, documentado com iconografia farta e registro cronológico completo para cada biografado, em cada setor de sua atuação.

A *Coleção Aplauso*, que tende a ultrapassar os cem títulos, se afirma progressivamente, e espera contemplar o público de língua portuguesa com o espectro mais completo possível dos artistas, atores e diretores, que escreveram a rica e diversificada história do cinema, do teatro e da televisão em nosso país, mesmo sujeitos a percalços de naturezas várias, mas com seus protagonistas sempre reagindo com criatividade, mesmo nos anos mais obscuros pelos quais passamos.

Além dos perfis biográficos, que são a marca da *Coleção Aplauso*, ela inclui ainda outras séries: *Projetos Especiais*, com formatos e características distintos, em que já foram publicadas excepcionais pesquisas iconográficas, que se originaram de teses universitárias ou de arquivos documentais preexistentes que sugeriram sua edição em outro formato.

Temos a série constituída de roteiros cinematográficos, denominada *Cinema Brasil*, que publicou o roteiro histórico de *O Caçador de Diamantes*, de Vittorio Capellaro, de 1933, considerado o primeiro roteiro completo escrito no Brasil com a intenção de ser efetivamente filmado. Paralelamente, roteiros mais recentes, como o clássico *O Caso dos Irmãos Naves*, de Luis Sérgio Person, *Dois Córregos*, de Carlos Reichenbach, *Narradores de Javé*, de Eliane Caffé, e *Como*

Para Luiz Carlos Lacerda, por sua vida perseverante e generosa, e Antonio Carlos Contrera, por sua generosa presença na minha vida.

*Alfredo Sternheim*

Para Ana Maria Ovalle Ribeiro e Paula Burlamaqui, minhas melhores amigas e companheiras da vida.

*Luiz Carlos Lacerda*

# Introdução

Houve uma época em que ser homossexual era considerado uma perversão. E ser de esquerda também era apontado como desvio de conduta. O que dizer então de um esquerdista com assumida vida homossexual que ainda faz cinema? Uma pessoa assim, num país de predominância católica como o Brasil, estava sujeita a ser estigmatizada como extremamente pervertida. Pois foi justamente nesse cenário que surgiu um militante do partido comunista apaixonado por um escritor que se tornou cineasta. Alguém que envereda simultaneamente por esses caminhos controvertidos da política, da sexualidade e da arte, a primeira vista, pode ser chamado de atrevido, louco. Mas é, acima de tudo, um corajoso.

Como o cineasta Luiz Carlos Lacerda. Ou Luiz Carlos Lacerda de Freitas (o seu nome completo). Ele fez tudo isso. Agora, conta a movimentada história de sua vida, que começou há pouco mais de 60 anos no Rio, na família chefiada por um homem de esquerda que marcou presença em nossa indústria cinematográfica. Bigode, apelido que acompanha Luiz Carlos desde a filmagem de *El Justiceiro*, quando foi assistente de Nelson Pereira dos Santos, viveu e vive de forma intensa essa trajetória incomum de um brasileiro que, apesar das fartas provocações e adversidades, atingiu a maturidade como um ser humano extremamente querido e respeitado, na profissão e fora dela. Mas não foi fácil chegar a essa posição, conforme fica claro neste relato.

Conheci Bigode por volta de 1967, quando nossas carreiras cinematográficas estavam no começo. Fui rodar no Rio de Janeiro algumas cenas de *A Batalha dos Sete anos*, um documentário curto sobre cinema nacional, e ele fez a produção dessa parte. Na ocasião, admirei a sua alegria de viver com padrões de comportamento então ousados para um paulista careta como eu era. E fiquei encantado com sua natural afetividade. Mas a distância geográfica impediu que uma maior convivência evoluísse entre nós. Houve alguns encontros, como, por exemplo, na estréia de *Leila Diniz* em São Paulo. Fiquei surpreendido e admirado com a força desse filme. Não acreditava que ninguém pudesse fazer uma biografia convincente de Leila. O impedimento seria a sua condição mítica e o fato de sua imagem e sua exuberante presença ser freqüente na memória coletiva, seja pelos filmes, tapes ou publicações. E para agravar esse meu descrédito, considerei que Bigode tinha sido amigo íntimo da falecida atriz, condição que poderia impedir o necessário distanciamento.

Mas, contrariando minhas pessimistas previsões, o cineasta saiu-se muito bem, assim como Louise Cardoso no papel-título.

Quase 40 anos depois, tenho a honra de ser seu biógrafo. Em quatro dias, e cerca de 35 horas de gravação, ele se expôs com franqueza total, tanto ao se referir aos momentos de sucesso pessoal e profissional como àqueles mais tristes ou de perdas. Caso da fase de autodestruição através das drogas ou ao abordar os seus vários relacionamentos amorosos, com homens e mulheres. Nesse agitado painel onde aparecem, entre outras, personalidades tão diversas e brilhantes como os escritores Lúcio Cardoso, Walmir Ayala e Clarice Lispector, as atrizes Leila Diniz e Sônia Braga, os diretores Nelson Pereira dos Santos e Fauzi Arap, emerge também um retrato profundo sobre as atitudes radicais da esquerda no Brasil quanto a orientação sexual. Fazendo parte de uma geração politizada e com total apego a idéias reformistas, Bigode enfrentou com galhardia tanto a repressão oficial da ditadura militar como a encontrada entre familiares, conhecidos e no seio do Partido Comunista. E se, em meio desses conflitos, ele chocou muitos ao se afastar de posturas tradicionais, foi menos por uma deliberada vontade de transgredir e mais por um natural apego ao prazer.

Este é o seu mote maior, mas que não o impede de ser altruísta, generoso, na maneira como partilha a sua vida e seu trabalho. Uma característica de comportamento que fica patente na biografia, que também mostra como ele faz política no sentido mais amplo da palavra, exercendo-a não só quando leciona aqui, em Cuba e em outros lugares, mas especialmente ao colocar a sua cara para bater em movimentos e entidades da classe cinematográfica ou na defesa dos direitos dos homossexuais. O livro revela ainda a determinação de Bigode quando dirige seus longas e curtas, bem como a sua humilde e profissional habilidade para atuar em outras áreas da realização cinematográfica, e no seu aprendizado para transitar pelos meandros do capitalismo no cinema.

A frase pode ser batida, mas Luiz Carlos Lacerda é realmente uma lição de vida, principalmente levando-se em conta as quase sempre desanimadoras condições que cercam o dia-a-dia dos que querem fazer cinema no Brasil. Por isso, fazer esta biografia foi um honroso prazer.

**Alfredo Sternheim**

# Capítulo I
## A Família

Nasci no dia 15 de julho de 1945, no Rio de Janeiro. A minha mãe, Aimée Stella Lacerda de Freitas, vem de família aristocrata do interior do Estado do Rio, aqueles barões do café de Campos. E o meu pai, João Tinoco de Freitas, descende de uma família portuguesa, do Porto. O meu avô paterno, o João Pinto Dias de Freitas, era primo-irmão do Adriano Ramos Pinto, fabricante do vinho que até hoje tem o seu nome. A vinda ao Brasil foi para representar o vinho do Porto e também uma fábrica de cerâmica, Carvalhinho, que existiu até 1974. O meu pai tinha um ano de idade, veio junto com mais quatro irmãos. Ele, depois, aos 25 anos, inaugurou a heliografia. Um sistema que antecedeu o xerox. Tinha um sócio, o Meira, que depois continuou no negócio. E com isso, ele ganhou muito dinheiro.

Por intermédio dos meus tios, irmãos da minha mãe, em meados da década de 1940 o meu pai conheceu o Alinor de Azevedo, que tinha sido roteirista de *Moleque Tião*. Ele também escreveu *Carnaval no Fogo*, *Aviso aos Navegantes* e outros filmes. Um de seus últimos trabalhos foi sua participação no roteiro de *Assalto ao Trem Pagador*, em 1962.

*Seu pai, João Tinoco de Freitas, aos 18 anos*

*Sua mãe, Aimée Stella ainda solteira*

Alinor era ligado ao Partido Comunista. E o meu pai, que tinha, então, muito dinheiro, por meio do Alinor, começou a se encantar com o cinema. Chegou a fazer alguns curtas. Um deles foi *Mulher*, com a ainda desconhecida Tônia Carrero, sobrinha de um amigo dele, o Porto-Carrero, dono de uma academia de ginástica. Ela dançava lá. Em seguida, ele chegou a ter um Jornal da Tela e a ter um cineminha na Avenida Central. Nesse especial que fiz sobre meu pai, o Jurandyr Noronha conta essa história. Foi o fundador da primeira cooperativa de cinema nacional.

Nessa época, o Jurandyr se aproximou dele e o convidou para trabalhar consigo no DIP, aquele departamento do governo de Getúlio Vargas. O meu pai ainda não era um homem de esquerda. Trabalhou no DIP um bom tempo e ao se tornar próximo do Alinor, conheceu o Ruy Santos, um grande diretor de fotografia do cinema nacional, e que era também o fotógrafo oficial do Partido Comunista, do Luiz Carlos Prestes. O meu pai me contou, e o Jurandyr confirmou, que dentro do DIP tinha uma célula do Partido Comunista.

Ele fez muitas coisas lá. Filmou a inauguração de Volta Redonda, da Siderúrgica Nacional, fez um documentário sobre a arquitetura no Rio, no centro da cidade. Fez também um curta chamado *Dois Artistas*; é o único que tem imagens com o Cândido Portinari pintando. O outro artista é o compositor Heitor Villa-Lobos.

Ai, acabou a ditadura e ele entrou para o PC, já na legalidade. E com os companheiros Pedro Pomar, Oscar Niemeyer e Ruy Santos fundou a Liberdade Filmes, uma produtora do Partido que chegou a fazer dois filmes: um longa-metragem chamado *24 Anos de Luta* que contava a história do Prestes e do Partido, e um curta chamado *Comício*, que registra o comício de Prestes no estádio paulistano do Pacaembu, em 1946, quando ele tinha saído da cadeia. Tem até o Pablo Neruda discursando. Tem toda uma estética do realismo socialista. O Jurandyr conta, no depoimento que deu para o documentário sobre meu pai, que como ele tinha muita grana nessa época, se movimentava usando um carro fabuloso, um Cadillac do ano. E ele chegou a levar o Prestes nesse carro a alguns comícios. As pessoas começaram a criticar: como um líder comunista pode chegar num carro desses?

*O casamento de seus pais em 1933 (Rio)*

*Luiz Carlos aos 6 anos com a prima Adelaide (1951)*

*O casal com a filha Wanda aos 3 anos (1939)*

# Capítulo IV
## Poesia e Política

Filho caçula, eu tinha só uma irmã, Wanda, nove anos mais velha. Com 20 anos, se manifestou a esquizofrenia e nunca mais se recuperou. Chegaram a fazer lobotomia por indicação de um psiquiatra do Partido. No início da doença, ela era internada, minha mãe ficava junto, preocupada que ela não fosse maltratada. A minha família praticamente acabou. Meu pai ficou muito deprimido e eu fiquei meio sem família. Então, eu meio que adotei a família de uma amiga até hoje: a Ana Ovalle Ribeiro e o irmão Paulo. A mãe dela, Isabel, e o pai, Basileu Ribeiro Filho, acabaram sendo uma espécie de pais adotivos.

Eu comecei a ter atividade política muito cedo. Já aos 14 anos, na fase estudantil. Mas ainda não pensava em fazer cinema. Primeiro, porque a nossa vida em casa era muito difícil. Apesar de freqüentar bons colégios, às vezes não tinha dinheiro para comprar sapatos. Saia de casa com sapato furado para ir a um colégio caro; a intenção dos meus pais era a de me dar a melhor educação possível. Estudava no São Fernando, um colégio da moda. O Ney Latorraca estudou lá, uma tia dele é quem pagava. A Renatinha Sorrah, o Antonio Guerreiro...

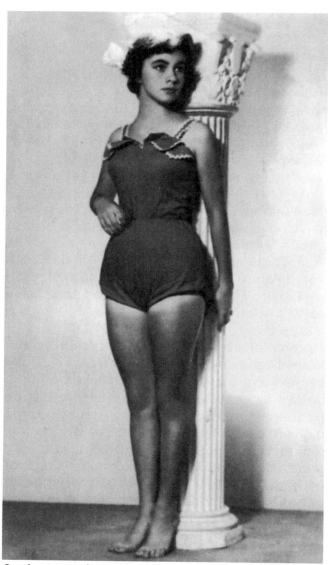
*Sua irmã Wanda aos 18 anos*

Luiz Carlos, aos 10 anos, na Escola Externato Santo Antonio (1955)

*Luiz Carlos, no Colégio S. Fernando: ele está na última fila, na frente do rapaz de óculos (1959)*

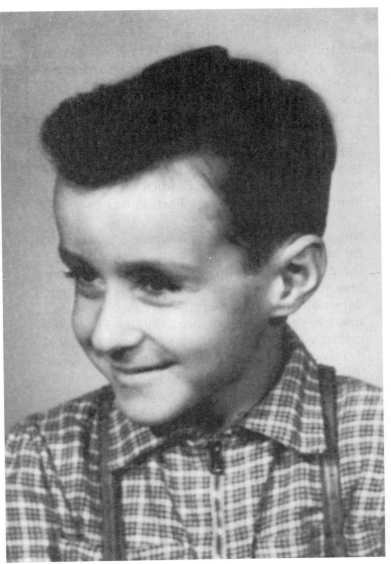

*Luiz Carlos, aos 8 anos (1953)*

Achava que eu ia ser jornalista porque escrevia muito, inclusive poesia. Meu bisavô era poeta, meu avô era poeta. Tem uma tradição de poesia na minha família. Cheguei a publicar alguns poemas em antologias e mais tarde colaborar em suplementos literários e revistas. Achava que ia me dedicar à literatura e para viver dela, iria usar essa pontencialidade no jornalismo. Tudo se encaminhava para isso. Ao mesmo tempo tinha também a atividade política no Partido Comunista. Eu organizava o Partido nas favelas.

Nessa época em que a minha irmã pirou, que fui *adotado* por outra família, conheci a Leila Diniz. Eu tinha uns 14, 15 anos. Ela também estava vivendo um drama familiar. Foi criada pelo pai e pela mãe, mas de repente descobriu que a sua mãe verdadeira era outra mulher. Então, ela estava vivendo, comigo, um momento pessoal muito difícil. A gente se encontrou na Galeria Vila Rica, em Copacabana, no lançamento dessa antologia de poetas da qual eu fazia parte. O namorado dela, Luis Eduardo Prado, que hoje é psicanalista famoso em Paris, foi quem levou a Leila.

Ao mesmo tempo em que entrei pro Partido num momento que tinha um projeto socialista – era Brasília, bossa-nova, cinema novo – eu e Leila saíamos pela noite de Ipanema para procurar os nossos ídolos: Tom Jobim, Vinícius... Íamos para o Bar Jangadeiros onde todos se reuniam nessa época. Eu lia um poema, a Leila lia outro, eles achavam graça e nos convidavam para sentar, mas não deixavam a gente beber. Éramos adolescentes.

*Com Ana Maria Ovalle Ribeiro, sua amiga até hoje*

Lúcio Cardoso

## Capítulo V
## A Sexualidade e o Respeito

Nessa fase, eu com 17 anos, me apaixonei pelo Lúcio Cardoso. Já era apaixonado por ele como escritor, pelas coisas que meu pai contava. Uma noite, no Jangadeiros, eu estava com o Cláudio Murilo, um poeta que era meu professor e o Lúcio me vê, pede uma champanhe e escreve um poema lindo pra mim... E me arrasta pra a sua casa. Foi realmente a minha primeira relação homossexual. Até então eu tinha tido brincadeirinhas sexuais com uma menina que namorava, com um garoto vizinho... Tinha tido uma relação com uma prostituta. Estava com 12 anos e os amigos me levaram. Já com o Lúcio, fiquei apaixonado. O sexo em si eu não gostava. Era uma coisa dolorosa e que fazia me sentir meio culpado por causa daquela minha formação comunista. Fiquei apaixonado por aquela fantasia que ele, Lúcio Cardoso, aquele grande escritor que lia trechos de *Crônica da Casa Assassinada* para mim, pudesse se apaixonar por mim.

Era uma época de muitas descobertas que tinha ao mesmo tempo esse projeto de um Brasil Socialista, da efervescência de Ipanema, da Bossa Nova, do Cinema Novo, Leila, as pessoas que conhecia, a família sem estrutura por causa da doença de minha irmã.

E eu começo a ter essa história com Lúcio. Tem também a minha primeira relação com drogas. Naquela época, por volta de 1959, a classe média não fumava maconha. A primeira vez que fumei foi à noite na praia de Ipanema, com o bilheteiro do Teatro Santa Rosa. Lá estava em cartaz uma peça, *Procura-se Uma Rosa*, do Gláucio Gil, produzida pelo Léo Jusi que era apaixonado pela Leila. Lá foi também o meu primeiro contato com o Teatro. Lembro de *A Mandrágora*, com a Dina Sfat, o Paulo José, Milton Gonçalves e o Fauzi Arap. Nessa época surge a minha primeira contradição... Digamos da minha ideologia versus a homossexualidade. Pelo Lúcio, eu fiquei apaixonado, mas às vezes ia à casa dele em Ipanema, batia na porta, ele não abria e eu ficava em uma praça esperando. Daí a pouco, via um garoto saindo de lá. Ficava furioso.

Eu tinha recrutado para o Partido um jovem líder comunitário da favela da Rocinha para um trabalho. Mas logo um cara do Partido me chama: *Olha, não pode porque ele é homossexual.* Aquilo foi muito chocante. Eu tinha tesão por mulheres, tinha namoradas. Mas na fase do Lúcio, fui apaixonado. Depois passei a ter transas com outros garotos da minha idade e também com um homem mais velho que era apaixonado por mim. Ao mesmo tempo freqüentei a galeria Dezon, no Posto Seis, em Copacabana. Lá o Lúcio me apresentou a Clarice Lispector. Ele também me apresentou Liliane Lacerda de Menezes, uma mulher lindíssima que lhe serviu de inspiração para criar a Nina de *Crônica da Casa Assassinada*. Ela era casada com o joalheiro Caio Mourão. Nessa galeria conheci o Walmir Ayala, um poeta de prestígio, homossexual assumido. Não que o Lúcio não fosse. Mas o Lúcio tinha um porte mais masculino. Já o Walmir... Era muito afetado. Mas, ao mesmo tempo, era respeitado pelos acadêmicos. Freqüentava a casa de Manuel Bandeira, Múcio Leão, Álvaro Moreira e outras figuras importantes da intelectualidade, da literatura. Naquela idade eu estranhava: como é que um cara desse jeito tem todo esse respeito? Ele acabou sendo o meu padrinho como poeta. Depois da antologia de novos poetas, foi graças a ele que vi, pela primeira vez, publicados outros poemas meus. Ele fez uma bela apresentação em outra antologia.

Comecei a exercer mais a minha homossexualidade, a cotidianizá-la na casa do Walmir. Ele deixava eu ficar lá nos fins de semana, com os meus namorados. O Walmir foi meu padrinho sexual, meu guru; com ele tomei maior consciência da liberdade erótica. E principalmente, tomei consciência de que é possível ser homossexual e ser respeitado, ser aceito.

*Walmir Ayala*

Sou de uma geração que, embora consciente do meu tesão por homens, via os rapazes da minha rua dando porradas em um faxineiro *gay* vestido de mulher no carnaval. Eu via e ficava paralisado, não conseguia fazer nada. A moral era essa: dar porrada em viado. Ao mesmo tempo eu pensava: não quero ser isso, não é possível que só tenha esse caminho. Mas o Walmir me abriu essa nova porta; a possibilidade de ser respeitado. O Lúcio era diferente, misturava homossexualidade com alcoolismo. Aprontava escândalos, mas era uma figura meio folclórica; era chamado de o Oscar Wilde de Ipanema.

*Aos 19 anos, no seu primeiro trabalho no cinema, com a atriz Irma Alvarez (Arembepe/Bahia - 1965)*

## Capítulo VI
## Golpe, Amor e Cinema

Nessa época, 1964, em meio a outro embate entre ideologia e homossexualidade, acontece o golpe militar. Aquela fantasia de socialismo vai por água abaixo. O Partido Comunista acha que devo me esconder, ninguém sabia o que ia acontecer. Chego na minha esquina encontro meu pai que diz: *O prédio da UNE está pegando fogo. O Jango caiu. Some!* A polícia já estava na minha casa; fiquei uns dias escondido na casa da Ana e de um tio meu, reacionário, que aplaudia o golpe. Aí, entrei em contato com o Partido que achou melhor me tirar do Rio. Fui para Santos, me escondi em um apartamento usando o nome Lucas. Fiquei bem deprimido. Foram três meses.

Já tinha feito 18 anos e precisava me apresentar ao Exército. Voltei pro Rio, não aconteceu nada. No começo, fiquei dentro do quartel. Depois, sai do exército e voltei para o Partido. Estava deprimido, parei de estudar. Não terminei nem o ginásio. Sou autodidata total. Fiz os cursos básico, médio e superior no PC com o Mário Alves, o Marighella, Jacob Gorender, Leandro Konder. E fui ouvinte do Instituto Superior de Estudos Brasileiros, fundado pelo Juscelino.

Era de orientação marxista, uma espécie de universidade antiacadêmica, mas com professores como Osny Duarte Pereira, Nelson Werneck Sodré, Alvaro Vieira Pinto, Roland Corbusier, Darcy Ribeiro, etc.

Ainda em 1965, o velho amigo do meu pai, o cineasta Ruy Santos, passando pelo Rio e sabendo que estava deprimido e sem perspectivas, me convida para ir à Bahia trabalhar com ele no filme *Onde a Terra Começa*, com Irma Alvarez, Luigi Picchi e Maurício Nabuco. O Ruy era uma pessoa de pouca paciência, não tinha capacidade de ensinar nada. Eu sofria feito louco, tirava as coisas do lugar, o continuísta também não falava nada. A gente ia ver o copião em Salvador à meia-noite. Era uma gritaria no cinema. E eu só via o filme bêbado, tinha medo.

Na Bahia, com 19, 20 anos, me apaixono perdidamente por um ator do filme. Aquela paixão na praia de Arembepe. O Ruy começa a desconfiar. Arembepe era uma aldeia de pescadores. Depois das filmagens, a gente fugia. Mas, uma vez, o Ruy me encontrou dormindo com ele, na mesma cama. Aí, ele botou o rapaz em outra casa, num quarto junto com os eletricistas. Era para nos separar mesmo. E eu fui para o quarto onde dormia o Ruy.

Só quando a filmagem do dia acabava, no entardecer, a gente escapava e ia transar em um lugar onde estavam barcos ancorados. O nosso era o Estrela do Norte. Quando voltava, o Ruy estava com aquela cara e a cozinha trancada, para a gente ficar com fome. Só restava uma birosca distante com umas roscas muito duras e com sardinha em lata. O preço pelo nosso amor foi muito alto.

Nessa época, por intermédio do meu amante, conheci o Caetano Veloso e a mulher, a Dedé. É dessa época a música que diz: *Cada palmeira da estrada tem uma moça recostada...* E outras músicas hoje famosas. Era Arembepe total. Arembepe era um lugar da Bahia onde as pessoas mais descoladas iam. Ainda não era paraíso *hippie*, nem lugar de turismo. Apenas uma aldeia de pescadores. Foi em 1965. Caetano ia lá. Naquele ano a Maria Bethânia substituiu a Nara Leão no *show* Opinião – ela já cantava *É de manhã* - e resolveu apresentar o irmão Caetano. Eu estava nessa noite. Foi a primeira vez que ouvi Caetano cantar *Coração Vagabundo* e outras.

Outra coisa muito legal durante a filmagem na Bahia é que fui à casa de Jorge Amado, recomendado pelo meu pai que era seu amigo. Levei uns poemas meus e ele escreveu depois uma carta a respeito, elogiando, e conseguiu publicar um dos poemas no prestigiado jornal A Tarde com apresentação dele. Uma generosidade de um grande e importante escritor com um garoto que escrevia poemas, que estava começando.

Terminada a filmagem de *Onde a Terra Começa*, voltei para o Rio, o ator que eu namorava diz que vem, mas... Eu retornei à família, minha irmã internada. O meu pai já não fazia cinema. Ele tinha trocado o estúdio dele em Jacarezinho por uma área enorme em um dos lugares mais quentes do Rio de Janeiro: Magé. Lá, ele queria construir a Cidade do Cinema. Fez um loteamento para o pessoal de cinema construir mansões. Claro que ninguém queria morar naquele local quentíssimo. Foi um plano que ele alimentou por muito tempo, mas depois acabou vendendo tudo por preço de banana para pessoas pobres. Nesse tempo, o ator me diz que está vindo para o Rio, mas casado com uma moça que, diz ele, era a sua noiva. Fiquei muito mal, arrasado. Mas escrevi talvez os meus melhores poemas.

# Capítulo VII
## As Lições de Nelson Pereira dos Santos

Ainda em 1966, o Nelson Pereira dos Santos lecionava na Universidade de Brasília, no curso de cinema em que o Paulo Emílio Salles Gomes também dava aula. A ditadura acaba com o curso e o Nelson vem para o Rio. O Mário Falaschi o leva à Condor Filmes e propõe produzirem uma comédia com o Nelson dirigindo, *El Justiceiro*, baseada em texto de João Bethencourt, e que lançou o Arduino Colasanti. Ele foi indicado pela artista plástica Ligya Pape, autora do cartaz de *Vidas Secas* e que conhecia o jovem louro, símbolo sexual da praia de Ipanema. Foi também o começo da então estudante secundarista Adriana Prieto.

Procurei o Nelson, tinha gostado de exercer assistência de direção no filme do Ruy, e me ofereci. O Ruy não tinha muita paciência em ensinar, e me perseguiu por causa da minha relação com o ator, até escreveu uma carta ao meu pai contando tudo isso. Procurei o Nelson que recebeu muito bem o filho do Tinoco. O meu pai tinha produzido *Rio 40 Graus*. O Nelson até conta que ao trabalhar no estúdio do meu pai, foi com ele que conversou assim que teve a idéia de fazer o filme, depois de subir várias vezes ao Morro de São Carlos.

Cenas de El Justiceiro, com Arduino Colasanti e Adriana Prieto

O Nelson, já consagrado com *Vidas Secas*, foi superlegal, receptivo. Mas só restava uma vaga na equipe, a do assistente de som, do *boomman*. Aquele que deveria segurar a vara com microfone. Eu não queria ficar segurando vara de ninguém, queria ser assistente de direção. Tanto insisti que o Nelson topou. Ele tinha outro assistente, o Ricardo Moreira. Acabei sendo o primeiro assistente, trabalhando anos com ele. Até fiz um documentário a seu respeito. Foi o meu grande mestre. Me ensinou tudo sobre cinema. Primeiro, a paixão pelo cinema, que o Ruy não me passou. Não é que ele ensinasse em tom professoral, mas de uma maneira liberal. A alegria que ele estabelecia na filmagem, a inteligência, a viagem que era trabalhar consigo, me contaminou definitivamente. Com o Ruy, eu tinha gostado de toda aquela coisa maluca, a gente morando na praia, o meu amor proibido, esse coqueiro que dá coco, onde penduro a minha rede, as trepadas no Estrela do Norte. Agora, a paixão pelo cinema, a certeza que era isso que eu queria fazer na vida, foi o Nelson que me passou.

Foi também com ele em *El Justiceiro* que surgiu o apelido de *Bigode*. Havia outro Luiz Carlos Lacerda na equipe. O Nelson chamava: *Luiz Carlos?* Os dois reagiam, ai, para esclarecer, ele dizia: *Não, o do bigode.*

*Com Nelson Pereira dos Santos, já no fim da fase hippie, e sem o bigode (1972)*

Eu estava curtindo um baita bigode tipo *Viva Zapata*. E o apelido pegou.

Com o meu pai, eu tinha sentido mais o outro lado do cinema, da falta de dinheiro. Tanto que, quando fui trabalhar com o Ruy, na Bahia, a minha mãe ficou desesperada. *Ah, mais um no cinema*, disse pensando na falta de grana do meu pai. Mas, com 25 anos, eu estava sustentando a família com o que ganhava. Passei a ser um assistente muito solicitado. Trabalhei mais com o Nelson, mas, entre um filme e outro dele, trabalhei com o Roberto Pires em *Máscara da Traição*.

*Arduino Colasanti e Paulo Porto em* Fome de Amor, *de Nelson Pereira dos Santos (1967)*

## Capítulo IX
## O INC

Antes, em fins de 1967, sem trabalho, o meu pai me recomendou a um grande amigo dele, o Jurandyr Passos Noronha, que trabalhava no Instituto Nacional do Cinema Educativo, o antigo Ince. Ele foi super-receptivo, me apresentou a muita gente que trabalhava lá, como o Humberto Mauro, e a filha dele, Gilberta. Ela e o marido, o Júlio Heilbron, recém-formados no IDHEC de Paris, ficaram super amigos. Na ocasião, não rolou nada. Mas depois de *Fome de Amor*, quando eu já estava casado com uma garota da minha idade, Eloênia Mazarelli, eu, a Gilberta e o Júlio, fundamos então uma produtora de curtas lá na Rua Alice, no bairro de Laranjeiras, no Rio: a Cine Sul. Dirigi então *O Enfeitiçado*, que era um documentário sobre Lúcio Cardoso, *Angelo Agostini*, sobre o próprio. Além de dirigir, eu fazia produção. Nessa área fiz outros curtas, como *A História do Bonde*, do Eduardo Ruegg, *Os Vencedores*, do Rodolfo Nanni e *A Batalha dos Sete Anos*, dirigido por Alfredo Sternheim.

Voltei a fazer assistência de direção com o Jurandyr nos curtas sobre Adhemar Gonzaga e Carmen Santos. Foi ótimo conhecer o Adhemar, já velhinho, lá na Cinédia. Ele era divertido.

Não o esqueço dizendo: *O problema desse pessoal de Cinema Novo é que não tem cadeira de diretor. Eles não têm onde sentar, ficam andando de cá pra lá e depois repetem esses movimentos com a câmera na mão. A culpa é a falta da cadeira.* Que maravilha. Algo reacionário, mas um doce de pessoa. Fiquei muito amigo dele.

Com o Jurandyr trabalhei como assistente em dois documentários de longa-metragem: *Setenta Anos de Brasil* e *Panorama do Cinema Brasileiro*, já no Instituto Nacional do Cinema, o INC. Esse Instituto foi criado porque o Flávio Tambellini, o pai, era cunhado do então Ministro Roberto Campos no governo Castelo Branco. O Tambellini conseguiu transformar o Ince, o Instituto Nacional do Cinema Educativo onde trabalhava o Jurandyr, o Humberto Mauro e muitos outros, em Instituto Nacional do Cinema. Isso em plena época de ditadura e o órgão passou a ser dominado pelos críticos de direita, que eram o Moniz Viana, o Ely Azeredo que era casado com uma irmã do Moniz, o Carlos Fonseca, o Salvyano Cavalcanti de Paiva que era um ex-comunista amigo do meu pai. Com essa gente toda eu tinha uma ótima relação. Trabalhei como assistente no *Panorama*, produzido pelo INC, e isso era usado politicamente por esse pessoal da direita para dizer: *Olha só, o Bigode assistente do Nelson, trabalha aqui com a gente.* Um dia,

*Caracterizado no filme Azyllo Muito Louco (1969)*

O Zuenir Ventura no livro *1968 – O Ano que Não Teminou* diz que esse é o primeiro caso de corrupção de maiores. Nada, o Nelson fez lá umas experiências que, com certeza, mudaram a cabeça dele, mudaram o cinema dele que ficou mais metafórico. Mas um metafórico também por conta da violência da censura.

Acabada a filmagem de *Azyllo*, eu fico morando em Paraty. É porque no Rio era aquela violência da ditadura, a repressão, os amigos sendo presos. Caetano, Chico, Cacá Diegues vão para o exílio no exterior, muitos amigos vão embora do país. E o Nelson se exila em Paraty. E entre um filme e outro, eu ficava dando aulas de português, o Arduino ia pescar, o Rogério Noel, que foi o diretor de fotografia do meu primeiro longa e, mais tarde, morreu de overdose, aos 21 anos.

Uma pessoa muito importante, nessa resistência cultural de Paraty, foi o José Kleber. Um grande poeta, autor de *Praia do Sono* e *Vertentes do Paraíso*. Um grande amigo que já morreu. Advogado e poeta, trabalhou como ator em vários filmes do Nelson e meus, ele ofereceu algumas casas que tinha. E nós ficamos morando lá sem pagar. O Nelson arrumava um dinheirinho para comprar negativo e comida. A gente não tinha salário. E as filmagens demoravam.

Cena de Como Era Gostoso o Meu Francês, de Nelson Pereira dos Santos (1970)

Essa fase de resistência em Paraty vai do *Azyllo* até *Quem é Beta?*, também do Nelson, passando pelo meu primeiro longa, *Mãos Vazias* e por *Como Era Gostoso o Meu Francês*. Esse filme teve mais grana, que o Nelson conseguiu, uma loucura total, com muito ácido. Antes, na época do *Azyllo*, já tinha me separado da Helô, namorei um pescador e depois, na fase de *Como Era Gostoso*... Transava com a cidade inteira. Tinha dias que eu ia com quatro rapazes.

Antes, no *Azyllo*, cheguei a me apaixonar pela Isabel Ribeiro, tivemos um caso muito forte. E sem lenço e sem documento, sem residência, quando vinha para o Rio ficava na casa da Leila. Ou então vivíamos em comunidade *hippie*, não tinha como alugar um apartamento. Era assim: Sarraceni está saindo de um apartamento que ainda tem seis meses de contrato: ele vai para a Europa. Aí, eu, Arduino, Ana Maria Magalhães, o namorado da vez, a gente entrava pra morar. Quando voltei para o Rio, a Isabel, que era bem mais velha do que eu, acabou com o nosso romance porque eu não tinha casa, vivia em muita loucura, muita droga. A Isabel se encheu, viu que eu não ia poder sustentar esse relacionamento de uma forma mais madura. Continuei na loucura.

Cena de *Como Era Gostoso o Meu Francês*, de Nelson Pereira dos Santos (1970)

*Luiz Carlos em seu primeiro longa* Mãos Vazias, *com Leila Diniz – Fazenda Itatinga/Paraty (1971)*

## Capítulo XI
## O Primeiro Longa

Em Paraty, quando acabou a filmagem de *Como Era Gostoso o Meu Francês*, o Nelson pegou as sobras de negativo e me disse: *Olha, isso aqui é para você fazer o teu filme*. E tendo aquilo na mão pensei: *Tenho que fazer o meu filme. O que que vou fazer? Lúcio Cardoso*. Surgiu a dúvida entre filmar *A Professora Hilda* ou *Mãos Vazias*. Aí, o Julio Romiti que era amigo do meu pai e do Nelson, me emprestou o equipamento, incluindo um aparelho Nagra de som e uma câmera, o José Kleber me emprestou as casas dele, o sobrado onde morava. Os atores trabalharam na forma de cooperativa, como nos filmes do Nelson. Como não havia salários, a gente abriu uma conta no botequim, para cada um, dentro de um limite que a produção pagava.

E tinha o DM, *departamento de maconha*. O DM administrava o seu uso semanalmente no filme para que não surgisse um tipo de poder, de manipulação. Então, existia eleição para escolher o chefe desse departamento. Não lembro bem a cota, mas acho que eram dois cigarros por dia para cada um, independente da função que ocupasse no filme. Era socialismo mesmo. Quando acabava a maconha havia um sorteio para saber quem ia ao Rio para trazer mais.

Cena de *Mãos Vazias,* com *José Kleber e Leila Diniz*

Imagina nós *hippies*, com essas pintas brabas, irmos ao Rio de Janeiro de ônibus para pegar maconha, naquela repressão violenta. Mas a gente ia à Rodoviária, pegava o ônibus para Paraty, quando não conseguia uma carona na estrada.

Depois que o Nelson me deu as latas de negativos, armei a produção, contratei a equipe, peguei a Leila de estrela. Na verdade, quem ia fazer o papel principal de *Mãos Vazias* era a Maria Gladys. Mas a Leila tinha trabalhado com Jece Valadão em *Mineirinho Vivo ou Morto*, do Aurélio Teixeira, com o qual ganhou o prêmio de melhor atriz do Festival de Teresópolis, de 1968 e ela me disse: *Vamos procurar o Jece, ver se ele ajuda.* E ele entrou na produção com um pouco de negativo, com o dinheiro da comida e pagando o laboratório. Incluiu também o Raimundo Higino, um montador que sempre trabalhava com ele.

Com essa coisa da revolução sexual e das drogas, a gente tirava a roupa com a maior facilidade. Na filmagem de *Como Era Gostoso o Meu Francês*, por exemplo, a figuração e o elenco principal todos nus, nós da equipe também tiramos a roupa. Tanto é que, houve uma visita famosa nas filmagens, a do crítico Paulo Emílio Salles Gomes.

Ele saiu de lá e escreveu um artigo dizendo: *No set de Nelson Pereira dos Santos respira-se uma atmosfera anterior ao pecado original.* Ele mal sabia que a atmosfera era mais para folia no matagal do que para anterior ao pecado original.

E assim foi, filmo *Mãos Vazias* com Leila. Tem seqüências inteiras que fiz sob o efeito do ácido. É um filme muito radical. Quase todo foi feito com a lente 18. Tem um plano com a objetiva 28. E eu era apaixonado pelo cinema de Robert Bresson, queria fazer um filme chato, que incomodasse as cabeças burguesas. Os planos fixos, o texto do Lúcio Cardoso, literário. Peguei trechos da *Crônica da Casa Assassinada*, mudei o romance. No original *de Mãos Vazias*, a mulher se suicida. Imagina, a Leila Diniz, uma revolucionária dos costumes. Ia botar no final se matando? Não, eu troquei a história. A personagem na verdade acaba matando tudo o que representava o conservadorismo. Tinha o Arduino no elenco, mas o José Kléber era o protagonista, fez um trabalho maravilhoso.

Terminado o meu primeiro longa, quando viu o filme pronto, o Jece disse que, em respeito ao seu público, não ia exibir esse filme. Mas só lançou por oportunismo logo depois da morte da Leila em 1972. Ela morreu quando retornava do festival da Austrália onde foi apresentado *Mãos Vazias*.

*Leila Diniz, adolescente*

*Thamar Nogueira de Brito*

## Capítulo XII
## A Paixão por Thamar

Durante a filmagem, eu conheci a Thamar Nogueira de Brito, uma grã-fina de São Paulo, minha amiga até hoje. Ela estava se separando do marido. Tivemos uma paixão louca, o *hippie* e a grã-fina. Quando ela ia ao Rio, dormia em um tatami na casa de Leila, ou se hospedava no Copacabana Palace. Ao mesmo tempo, mandava o seu chofer Bernardino me buscar no Rio de Janeiro e lá vinha eu pela estrada de terra de Cunha, dentro de um Mercedes-Benz, queimando fumo. Ela tinha uma casa maravilhosa em Paraty. Em São Paulo, recebia Nelson e a namorada Ana Magalhães, o Ruy Guerra e a Leila. Enfim, uma paixão muito forte mas que a própria realidade não ia permitir que a gente continuasse. Ela tinha um tipo de vida onde eu não me encaixava. Um amor e uma cabana é muito bonito, mas na vida real não dá. Mas ficamos amigos pelo resto da vida.

Eu no Rio, ainda prossegui vivendo essa fase comunitária. O Arduíno estava casado com Ana Maria Miranda, hoje uma grande romancista. Eu e a Ana Maria Magalhães morávamos com eles. Nessa época, acho que 1971, resolvo fazer um longa em Super 8 mm, *Como era Freak o Meu Vale*. É uma loucura sem pé nem cabeça.

Garotos na praia, lindos. Era a época do desbunde total. Ao mesmo tempo essa discussão da questão da loucura na cultura nos leva, eu e Ana Maria Magalhães, ao Centro Psiquiátrico Pedro II, dirigido pela Dra. Nise da Silveira. Nós freqüentamos lá o Museu do Inconsciente. A Ana leva o Leon Hirszman. O Leon tinha nos visitado nas filmagens de *Mãos Vazias*, em Paraty. E nas nossas folgas, todos tomavam ácido. Leila não.

A Ana Maria tinha a idéia de fazer um documentário sobre a Dra. Nise e a sua atividade. Não sei se ela fez. Mas a gente passava o dia inteiro lá. A Dra. Nise não sabia que a gente estava drogada, mas ela deixava qualquer pessoa entrar para fazer parte da atividade ocupacional dos internos, ver o Fernando Diniz fazer os desenhos dele, incríveis. Daí saiu uma bela trilogia do cinema, As *Imagens do Inconsciente*, do Leon Hirszman. Um documentário incrível, três filmes, com texto da Dra. Nise. Foi lançado só em 1983. Um trabalho incrível porque naquela época aquilo que era feito no Museu do Inconsciente não era considerado arte.

Olha que coincidência: anos depois, ganhei do governo do Estado do Rio o prêmio Leon Hirszman. O troféu é uma estrela de bronze com um furo no meio, feita pelo Fernando Diniz.

Veja só, o Leon que vai a Paraty e toma o ácido de *Mãos Vazias*, depois, por causa da gente, passa a freqüentar o sanatório da Dra. Nise, faz o filme e depois a Leila morre, eu faço o filme *Leila Diniz* com o qual ganho o prêmio Leon Hirszman que é um troféu do Fernando Diniz. Que cronicidade junguiana, como diria a Dra. Nise. Quer dizer, foi nesse contexto de muito ácido, muito fumo – ainda não tinha cocaína – que fiz *Como era Freak o Meu Vale,* que só foi exibido em casas, em locais fechados, nunca em circuitos comerciais. Nessa fase começa aquela caretice, aquela discriminação: quem não fuma maconha, quem não é muito louco está por fora. O que foi nos isolando. Muito. Como a gente, a maioria tinha problemas familiares. A minha família se desestruturou. Aquela vida, aquilo ali era a família ideal: o Nelson era o pai, a Leila era a mãe... Era o movimento da contracultura no Rio de Janeiro e nós ali na vanguarda desse movimento.

Vamos para Arembepe no verão, a gente mantêm uma casa permanente lá, o lugar vira um centro de referência *hippie*. Um dia, em 1972, lá nessa casa, surge o Gerard Leclery que tinha produzido *Quem é Beta?*, do Nelson Pereira dos Santos. Chega trazendo o Jack Nicholson e o Roman Polanski. Na hora, achei que era efeito da droga. Mas eram os próprios. Arembepe era visitada por Mick Jagger, por muita gente fa-

*Luiz Carlos e Ana Miranda (os anos hippie)*
*Arembepe/Bahia (1972)*

## Capítulo XIII
## A Importância de Leila Diniz

Em 1972, foi o último verão da contracultura. Ficou conhecido dessa maneira. Somos convidados para um festival de cinema na Austrália, para apresentar *Mãos Vazias*. No auge da ditadura, a polícia não queria nos dar o visto. Nessa época a Leila ainda era perseguida, já tinha dado aquela famosa entrevista ao Pasquim.

Desde adolescente que a gente se conhecia, ela era a minha companheira nas noites cariocas atrás dos ídolos... Mas não pensava em ser atriz, queria ser professora em jardim de infância. Depois, Leila conheceu o Domingos Oliveira, bem mais velho e separado. Ela foi morar com ele, e nós acabamos nos afastando. Nos reaproximamos nas filmagens de *Fome de Amor*, do Nelson. Ela já era famosa, por conta principalmente de *Todas as Mulheres do Mundo*, feito em 1966. Um sucesso estrondoso para o qual o Cinema Novo torce o nariz. Leila é chamada pela TV Globo, tem uma ascensão fulminante, torna-se popular e ao mesmo tempo é muito querida pelos intelectuais. Uma vez a Leila foi ao Antonio's, que era freqüentado pelos intelectuais de esquerda, e levou o Martinho da Vila. E o pessoal não deu a mínima, torceu o nariz. Hoje ele é um cara consagrado.

A Leila era uma pessoa que pegava um táxi e o motorista dizia: *Ah, você não sabe como a minha família te adora*. Então, ela respondia: *Vamos lá*. E a Leila subia até a favela para tomar cerveja com o motorista e a família. Ela era muito especial, tinha essa coisa muito dela, uma pessoa com um grande tesão pelo relacionamento humano. E ao mesmo tempo era revolucionária e com uma liberdade sexual absoluta desde que a conheci, entre 13 e 14 anos.

Depois do nosso reencontro em *Fome de Amor*, nunca mais nos separamos porque a casa dela no Rio virou ponto de referência. Como era uma atriz que tinha trabalho na TV Tupi e depois na TV Globo, com endereço fixo, comida, empregada, tudo certinho, a gente acampava na casa dela. Ai, ela vira estrela do meu filme. Logo em seguida, ainda em 1969, dá a famosa entrevista ao Pasquim, falando de liberdade sexual, os palavrões todos substituídos na publicação por asteriscos. Ela falava e falou o que pensava, com espontaneidade, sem a intenção de provocar. Mas como era uma das mulheres mais populares do Brasil, sua entrevista teve uma repercussão violenta. E a ditadura... Ela foi ameaçada de prisão, respondeu a um processo. Leila foi extremamente perseguida. O Alfredo Buzaid, ministro da Justiça na ditadura militar, mandou um documento às emissoras de TV rádio para não divulgarem o nome dela. Uma proibição velada. Diante do apartamento dela, no Jardim do Alá, tinha permanentemente um camburão da policia para intimidá-la. Leila foi obrigada a assinar um documento no qual afirmava que não iria mais dar declarações bombásticas. Vendo-se proibida de falar e de trabalhar, ela abriu uma loja com a Vera Barreto Leite, uma modelo famosa da Chanel, mãe da Mariana de Moraes. A gente ficava por lá. Era uma romaria de fãs, de camareiras da Globo. Depois, ela voltou a fazer cinema em *Azyllo Muito Louco*, mas sem salário, na base da cooperativa.

Eu sempre me impressionei com a liberdade dela e a inteligência rápida. Mas suas afirmações não eram para revolucionar. Falava o que achava bom para a vida dela. Não era uma pregação feminista, nada disso. Mas tudo absolutamente consciente, não era uma *porra-louca*, não. Era uma mulher que sabia o que falava, o que queria. Sou de uma geração que só homens e putas falavam palavrões. Quando eu a conheci, vi que ela falava palavrão. Mas logo percebi que o fazia sem nenhuma agressividade, falava a linguagem dos meninos. Mas não perdia a feminilidade por isso. Tudo bem, era raro ver mulher falando palavrão antes de Leila. Depois... Acho que ela democratizou a linguagem, permitiu às mulheres que passassem a falar também o que homens falavam. Ela fez essa revolução, assim como dessacralizou a imagem da mulher grávida quando apareceu na praia, de biquini. Tudo isso porque ela perguntou ao seu médico: *É bom pegar sol na barriga pro bebê?* O médico, achando que ela, por ser estrela famosa, morasse numa cobertura, disse que sim. Mas aí, Leila que morava em um quarto e sala, foi à praia de Ipanema tomar sol e... Pronto. Ou seja, não foi para escandalizar.

Essa convivência com a Leila me ensinou muito, me deu muita segurança a respeito de tudo, a respeito da minha vida. Essa coisa da liberdade sexual e afetiva, quando ela disse na entrevista: *Você pode estar amando muito uma pessoa e ir pra cama com outra.* Isso já tinha me acontecido, só que eu tinha uma culpa violenta. Por causa da minha formação. Leila não tinha culpa: ela conseguia ter sexo com amor e ter sexo sem amor e amor sem sexo. Mostrou que o ser humano podia fazer essas escolhas.

Leila foi muito importante para mim também nesse sentido. Ela engravidou do Ruy Guerra nas filmagens de *Mãos Vazias*. Quando veio o convite para ir à Austrália com o filme, a Janaina estava com sete meses. O convite era para o diretor e mais dois intérpretes. Em julho de 1972 fomos eu, ela e o Arduino que decidiu levar a mulher, a Ana Maria Miranda. A caminho da Austrália paramos em Taiti. E antes do término do festival na cidade de Adelaide, decidimos ir embora. Os nossos planos incluíam a Europa, eu queria ficar morando em Londres. Mas primeiro fomos para a Malásia, depois a Bangkok onde encontramos o Pelé e o time do Santos, incluindo o Afonsinho que era meu amigo. Um jogador *underground*, de barba, que a ditadura acabou por tirar da seleção brasileira.

A Leila decidiu se antecipar na ida a Londres onde pegaria um avião para Paris e de lá retornar ao Brasil. Aí houve o acidente aéreo e ela morreu. Nós só ficamos sabendo muitos dias depois, em Londres, pelo Samuca Wainer, jornalista que iria hospedá-la. Perguntei pela Leila, ele me olhou de forma estranha: *Vocês não sabem, não receberam notícias?* Quando dissemos que não e que ficamos dias sem ler jornais, ele disse: *Então, se prepare. A Leila estava em um avião da Japan Airlines que caiu sobre a Índia. Ela não chegou aqui.* Foi uma coisa que, na hora, a gente não chorou. Eu tive que ir até a loja da Varig, em Londres, procurar jornais do Brasil para ler a notícia. Foi preciso ler várias vezes a notícia: *Jato explode com Leila Diniz*, porque aquela leitura não entrava na cabeça, não se realizava. Foi aquela porrada. Só dias depois é que eu chorei.

Arduino e Ana Maria voltaram para o Brasil e eu decidi dar um tempo lá. Nessa época moravam Rogério Sganzerla, Julio Bressanne, Gilberto Gil, todos se encontravam naquela feira de Portobello Road. Ia até Paris encontrar Norma Bengell, voltava. A Maria Gladys também morava em Londres, o Paulo Villaça... Eu namorei o Paulo Villaça nos anos 70.

*Com Paulo Villaça em Tiradentes (1986)*

*Com Gilberto Gil, Sonia Dias e Macalé no Cristo, 1972
O final dos anos hippies*

*Em Londres, muy loco (1972)*

## Capítulo XIV
## A Esquerda e as Drogas

Uma coisa que é importante lembrar a respeito da minha formação é o seguinte: o meu pai era marxista-leninista, uma formação de esquerda, daqueles intelectuais do Cinema Novo, ou pré-Cinema Novo Brasileiro. Abracei, herdei a ideologia, ao mesmo tempo, acreditava na mudança da sociedade. Tinha um clima de euforia, de mudança social. Brasília, Bossa Nova, eu já falei sobre isso...

Na verdade, é bom deixar claro, distinguir isso porque tem muita gente de esquerda que diz que o movimento da contracultura, onde entram as drogas no meio, era uma alienação, era a juventude desesperada que por causa da ditadura militar se alienou por causa da droga. E não era isso. Na verdade, eu comecei a ter uma desilusão com os métodos da esquerda, os meios de luta, às vezes meio policialescos, tipo o Partido Comunista publicar livrinhos que iriam acabar nas mãos da polícia, com certeza. Com títulos como *Os Revisionistas do Movimento Comunista Brasileiro*. Eu achei isso um absurdo. Quando, depois do golpe, comecei a discordar das posturas da direção do Partido, na mesma hora fui discriminado.

Mas também, como o Partido Comunista pra mim era o que havia de mais libertário até então, me decepcionei com esse comportamento extremamente reacionário. A Leila era malvista pela esquerda, apontada como *porra-louca*. E não era. Ela foi, pra mim, a grande revolucionária dos anos 60. Então, isso tudo começou a me desiludir. Pensava: *Pô, esses caras não são libertários, são conservadores, reacionários...* Tinha muitas pessoas de direita que eram mais libertárias do que as da esquerda onde eu esperava que fossem. Isso o Fernando Gabeira explica muito bem em *O Que é Isso, Companheiro?* Havia um moralismo da esquerda muito grande.

Eu fui tomando consciência disso tudo de forma gradativa, à medida que fui me batendo, chocando nos acidentes de percurso na minha relação com esses grupos de esquerda muito conservadores. E a coisa da droga, na verdade, não foi uma válvula de escape. Foi uma troca de ideologia. Porque a contracultura tinha uma ideologia. A gente achava que, tomando ácido, abriria nossas cabeças e, conseqüentemente, a dos outros. Havia aquela ideologia de Paz e Amor contra a guerra do Vietnã. E apesar de ter caído de boca – como era a expressão da época – na revolução sexual e no movimento da contracultura, nunca deixei de freqüentar as passeatas, de me manifestar contra a ditadura, de assinar manifestos.

Não me alienei. Absolutamente. Só que achava que eu tinha de mudar a sociedade de outra maneira.

Se eu apreendi, absorvi do Nelson a paixão pelo cinema, o meu pai, com essa postura ideológica, me passou um sentido de justiça muito forte. Uma coisa que até me atrapalhou num certo sentido. Porque até hoje eu não consigo conviver com a injustiça. Em qualquer nível. Lembro que, na época da ditadura, eu *hippie*, estava numa fila no banco quando entra um cara fardado, oficial do exército. Ele furou a fila e eu fui lá, armei uma confusão imensa... Porque esse tipo de coisa, de atitude comportamental, não só injustiça social, me perturba. Eu tenho um sentido de justiça grande, um cuidado nas relações com as pessoas no sentido de respeito.

Em 1972, com a morte da Leila, caiu o pano. Tinha perdido vários amigos por *overdose*. O Rogério Noel, que fez a fotografia de *Mãos Vazias* e de *A Culpa*, do Domingos Oliveira. Tinha ganhado a Coruja de Ouro. Com 20 anos mais ou menos, um grande futuro pela frente, e o garoto morre. Ele tinha feito também a fotografia de dois curtas meus: *O Sereno Desespero* e *Caco de Vidro*, sobre Jards Macalé. Aí, eu comecei a ver que também esses grupos da contracultura eram extremamente preconceituosos. Quem era careta não entrava. Muitos ficavam com medo da gente, nos evitavam porque, de certa maneira, era perigosa a nossa companhia, havia o risco da prisão. Ao mesmo tempo, a gente começou a entrar na loucura da cocaína. Uma desgraça e também uma maravilha porque me fez ver que eu estava em um caminho sem saída. E o meu negócio é fazer cinema, o que eu gosto. Mas não conseguia mais trabalhar, fiquei queimado no meio do cinema porque eu era sinônimo de doidão.

O próprio Nelson, meu amigo e meu mestre, me convidou para ser seu assistente em *O Amuleto de Ogum*, onde faço um papel que ele escreveu para me homenagear, *Madame Moustache*. Não agüentei ficar até o fim da filmagem. A coisa de cheirar... Não conseguia me controlar, ia ao banheiro cheirar e voltava, a pessoa fica tensa, transtornada. A cocaína tem isso, te deixa eufórico, mas daqui a pouco você cai numa depressão e aí tem que cheirar de novo. Desse jeito você não consegue trabalhar, não come, fica trancado cinco dias com um grupo cheirando sem parar.

## Capítulo XV
## Dando a Volta

A morte da Leila, em 1972, foi uma porrada na minha cabeça que me deu o *insight* sobre a minha própria vida. Pensei: *Tá tudo errado, essa revolução não aconteceu, essas mudanças na sociedade através da contracultura não rolaram.* Como diria o John Lennon, *o sonho acabou.* E os nossos heróis morreram de *overdose*, como diria mais tarde o Cazuza. Janis Joplin, Jimmi Hendrix etc. A droga começa a ter a conotação do mal, da morte. E aí eu me afastei de todo o mundo, fui morar em uma vila em Botafogo, em um apartamento vizinho ao do Macalé. Saí de Ipanema, daquela loucura toda, daquela turma. Tive um surto violento, daqueles que via prédio cair.

Logo em seguida, por sugestão da Maria Barreto Leite, fui fazer análise com o Eduardo Mascarenhas, que estava começando a vida dele. Depois, ficou famoso como psicanalista, virou o *sabonete das estrelas*, como o chamavam. E seu consultório ficava perto de casa em Botafogo. Os meus surtos eram meio paranóia de perseguição que via mais coisas além dos prédios caindo. Lembro que no dia em que o marechal Eurico Gaspar Dutra, nosso ex-presidente, estava sendo enterrado ali no cemitério em Botafogo, eu saí para fazer análise e vi caminhões com soldados, a esquadrilha da fumaça sobrevoando o bairro. Achei que aquilo era comigo, que estavam todos ali para me prender.

*Eduardo Mascarenhas, seu amigo e psicanalista*

ponsabilidade. Fiz muita publicidade e fui me levantando economicamente. Virei um produtor da moda, todos queriam trabalhar comigo.

Depois, comecei a fazer produção em longas. Trabalhei com o Miguel Faria Junior, Gustavo Dahl, Walter Lima Jr., Bruno Barreto, Fábio Barreto, Mário Carneiro, Arnaldo Jabor, Cacá Diegues, Antônio Carlos Fontoura, Oswaldo Caldeira, Paulo Cezar Sarraceni. Naquela época, o diretor de produção acumulava a executiva.

Trabalhava muito com um assistente, o Luiz Antônio Magalhães. Em meio disso voltei a dirigir, mas essa é outra história.

*Com Bethânia e Nicole Algranti no estúdio Biscoito Fino (2003)*

# Capítulo XVI
## Encontro com Clarice

Mas estava esquecendo dois fatos dos anos 70. O primeiro no início da década. Eu promovi o encontro do filósofo francês Michel Foucault com o mítico Madame Satã, num cabaré da Lapa, o Casanova. Um assistente meu, o Ivan Freitas, que morava em Paris, pediu-me que fosse cicerone do famoso escritor europeu pelo mundo *underground* e *gay* do Brasil. Foi fantástico.

O segundo aconteceu em 1973, antes de ir para a publicidade, de começar essa coisa de produção. Era muito amigo do Fauzi Arap. Eu o conheci na casa de Maria Barreto Leite, mãe da modelo Vera Barreto Leite, minha amiga. A Maria fazia umas reuniões esotéricas que o Fauzi freqüentava. Ele já era reconhecido como um dos grandes diretores do teatro, dos shows de Maria Bethânia. E aí, em meio à nossa relação meio psicanalítica, o Fauzi, que sabia das minhas poesias, pegou uns textos meus, escolheu um e colocou em um show de Bethânia, que o dizia maravilhosamente. *Mora comigo na minha casa um rapaz que eu amo. Aquilo que ele não diz, porque não sabe, vai me dizendo com o seu corpo que dança para mim.* Eu vivi um pouco desse texto que ela apresentou no espetáculo, depois teve disco. Foi inspirado em um namorado meu.

Ela recolhia os direitos autorais e eu ia lá na *Sociedade Brasileira de Autores Teatrais* (Sbat) pegar o dinheiro. Até brincava: *Puxa, finalmente um amor que paga as minhas contas.*

Ainda por causa do Fauzi Arap, reencontrei Clarice Lispector. Já a tinha conhecido quando eu era garoto por intermédio do Lúcio Cardoso. Era apaixonado pela literatura dela. Por volta de 1974, o Fauzi me levou na casa da Clarice. Amigo dela, ele estava fazendo um espetáculo com um de seus textos. Fui lá e disse que queria fazer um curta sobre um conto seu, *O Ovo e a Galinha*. A Clarice ficou entusiasmada. Tanto que, na época, eu estava sem telefone, havia me mudado há pouco para aquela vila classe média. Ela tinha o hábito de ligar às pessoas altas horas da noite. E, naquele clima, ligava para meus vizinhos, mandava me chamar para dizer que tinha tido uma idéia genial para o curta. Ela começava a viajar e meu papel era o de cortar um pouco a sua onda. A Clarice foi meio precursora da computação gráfica no cinema. Ela vinha com soluções visuais, imagens absolutamente impossíveis de fazer nas condições do cinema brasileiro daquela época. Ela dizia: *Vejo tudo em preto-e-branco com uma gema colorida passando por algumas cabeças na Avenida Rio Branco. E aí essa gema pinga em algumas pessoas que ficam douradas.* Eu deixava ela viajar e depois explicava: *Clarice, isso não dá pra fazer.* Ela respondia meio injuriada: *Como não dá? O Fantasia, do Walt Disney, tem coisas muito mais loucas.* Aí, eu detalhava as explicações.

De qualquer maneira esse filme não foi feito, o roteiro tinha ficado muito louco. Mas em 2003 a Nicole Algranti, aluna minha na Universidade Estácio de Sá, onde comecei a lecionar em 1999 a convite do André Felipe Mauro, sobrinho-neto do Humberto Mauro, conversou comigo. Ela disse que era sobrinha-neta da Clarice. Aí eu lhe falei do roteiro que tinha feito em 1974, mostrei e ela insistiu que eu devia fazer. *Não, faz você*, respondi. A Nicole topou, se inscreveu em um concurso da Riofilme, ganhou e fez o filme. A Bethânia fez a narração. Fiquei feliz que, depois de 30 anos, o filme saísse e com um bom elenco: Carla Camuratti, Louise Cardoso, Lucélia Santos, Chico Diaz.

*Filmagem do inacabado* Jóia Rara *(1978)*

## Capítulo XVII
## Reativando o Diretor

Eu trabalhando em produção e, de repente, me vi bebendo. Não entendia, estava trabalhando, ganhando dinheiro, feliz, sustentando a minha família... Não que eu estivesse virando alcoólatra. Mas tomava uns três, quatro *whiskies* e apagava ou ficava agressivo. Comecei a me reprimir, não bebia, mas não resolvia o problema. Na análise, o Eduardo Mascarenhas falou: *Olha, você está botando azeitona na empada dos outros, às vezes de gente muito medíocre. Cadê o diretor que existe em você?* O Eduardo me deu muita força nessa fase.

Aí, em 1978, o Antônio Calmon, meu amigo, estava produzindo muitos filmes com o Pedro Rovai. Me chamou, me apresentou ao Rovai e comecei logo a fazer um roteiro com Armando Costa e Leopoldo Serran. Tive uma idéia sobre um garoto surfista que ia de carona à Zona Sul do Rio. Era uma comédia juvenil. Dei o título de *Jóia Rara*, em homenagem à música do Caetano. Mas na segunda semana de filmagem briguei com o Rovai, ele queria fazer uma pornochanchada, apesar do roteiro fechado de comédia. Assistindo o copião, ele começou a me destratar. Hoje, nós somos amigos, nos respeitamos mutuamente.

Mas foi uma briga terrível. Nessa busca do ator para fazer o surfista pobre entrevistei mais 200 rapazes que sabiam surfar e cheguei ao André de Biase, que acabou se tornando ator. Calmon terminou o filme que virou *Nos Embalos de Ipanema*. Na época fiquei com muita raiva. Propus para o Gustavo Dahl, então diretor da Distribuidora da Embrafilme, para eles fazerem um adiantamento sobre a distribuição. Isso era comum. Ele disse que se eu apresentasse os copiões, tudo bem. A equipe e o elenco concordou em receber só no final, mas o Rovai disse que queria continuar o filme com outro diretor.

Com ódio, fui para Paraty, fiquei na fazenda de um amigo meu, o Mazinho Mury. Foi quando fiz o documentário *Briga de Galos*. Essa raiva me fez levantar o projeto de *O Princípio do Prazer*. Era uma história meio inspirada no Lúcio Cardoso, com incesto. Passava-se nos anos 30. Eu queria fazer algo com mais comunicação. Trouxe Odete Lara, que estava isolada, morando em Friburgo, fui atrás do Riccelli, que tinha conhecido por volta de 1970 em Paraty quando ele filmava *A Moreninha*, do Glauco Mirko Laurelli. Peguei a Ana Maria Miranda de atriz. O que fez o filme sair foi a conversa com o Gustavo na Embrafilme.

Voltei lá com o copião, e o dinheiro saiu.

O Princípio do Prazer: *Paulo Villaça e Carlos Alberto Ricelli*

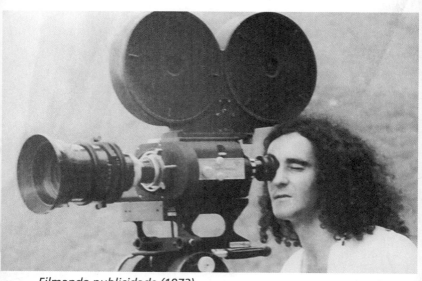

*Filmando publicidade (1972)*

# Capítulo XVIII
## Passando pela Globo

Depois de ter dirigido *O Princípio do Prazer* fui indicado pelo Luiz Carlos Barreto para trabalhar na TV Globo. Por uma questão de vaidade, misturada ao preconceito que se tinha contra a televisão, de início recusei. Mas, depois pensei: *Não, quero ir ver qual é*. Não queria manter esse preconceito. A Globo, num de seus seminários, decidiu ter um produtor executivo para as novelas. Não havia isso antes. Em fins de 1982, eu fui o primeiro produtor executivo. Atuei em três novelas ao mesmo tempo: *Paraíso*, *Pão Pão*, *Beijo Beijo* e *Guerra dos Sexos*. Revolucionei algumas coisas na Globo, com o aval do meu chefe, o Ary Nogueira, que está lá até hoje. Comecei a desmontar certos esquemas de desperdício e corrupção, instituí a análise técnica dos roteiros que hoje eles chamam de *decupagem*, não sei bem por quê. Fiz um trabalho bem legal.

Nessa época, tive também uma passagem pela Funarte, a convite da minha amiga Ana Maria Miranda, que estava trabalhando lá. Na verdade, fui montar uma exposição do Portinari. Depois, produzi uma exposição sobre Lúcio Cardoso, com os quadros dele e os filmes baseados em sua obra literária. Reativei o cinema da Funarte com a mostra permanente do cinema brasileiro. Fiz um festival de filmes nacionais dirigidos só por mulheres. Vinha desde a Gilda de Abreu até a atualidade. Andei por todo o Brasil reaparelhando bandinhas. Faltavam instrumentos e elas estavam acabando. Foi emocionante quando várias bandas apareceram lá na porta da Funarte, no dia em que o projeto foi fechado. Eu cheguei na sacada e a bandinha de Paraty começou a tocar.

Mas não estava satisfeito. Ao mesmo tempo, estava com dinheiro, comprava o carro do ano, jantava quase toda noite no Plataforma, que era um lugar da moda, Tom Jobim tinha cadeira cativa. Nessa época casei com Maria Eudóxia Monteiro de Barros, que vinha de um casamento não-oficial com Dom João de Orleans e Bragança. Tinha conhecido o príncipe e Maria Eudóxia na época do desbunde em Paraty. Eles ofereciam muitos jantares para Nelson, Leila e companhia. Num fim de semana, Dom João estava viajando, eu e Maria Eudóxia tomamos um porre e fomos viver juntos. Ela tinha cinco filhos de vários casamentos, nenhum de Dom João. Os filhos me adoraram, a gente ia à praia, tirava a roupa. Todo mundo nu. Ficamos dois anos juntos. Depois veio a separação porque a minha turma de cinema e a turma grã-fina dela não davam muito certo.

*Maria Eudóxia Prado Monteiro de Barros*

*Maria Eudóxia e seus filhos*

Era uma pororoca ideológica e cultural muito grande. Mas foi uma paixão forte. Na época fiz um documentário sobre o bairro de Santa Teresa. Ela morava lá e eu fui também morar lá. Chamou-se *Trilhos Urbanos* e foi feito para a TVE. Fez parte de um programa da emissora sobre bairros do Rio de Janeiro. Muitos cineastas trabalharam. Alex Viany fez um sobre a Cinelândia, o Nelson fez outro.

Depois que me separei de Maria Eudóxia, foi a vez de Tessy Callado, atriz, filha do escritor Antonio Callado. Eu já a conhecia, ela tinha sido esposa do ator Antonio Pedro. Tivemos um casamento não-oficial, ela tinha a sua casa e eu a minha, muito grande, alugada em Santa Teresa. Foi no casamento do Miguel Faria com a cantora Olivia Biyngton que a gente se apaixonou, ela já estava separada do Antonio Pedro. Fomos morar juntos, a Tessy tinha um filho de oito anos, o João Callado, que hoje é um grande músico do famoso grupo Semente, responsável pela revitalização cultural da Lapa, no Rio. A Tessy me ensinou muita coisa, principalmente cuidar da minha saúde. Eu era descuidado, não ia ao médico. A Thamar me deu sofisticação no sentido de comer bem, de escolher um bom vinho, vestir bem e outras coisas. E a Maria Eudóxia completou essa educação. Já a Tessy me abriu os olhos para a saúde. *Tem que ir ao dentista, tem que ir ao médico.*

*Com Tessy Callado*

Uma pessoa muito positiva. E com esse casamento tive o privilégio de conviver com o grande Antonio Callado, o escritor de *A Madona de Cedro* e outros livros. Freqüentei a casa dele em Maricá e no Rio. Já era casado com Ana Arruda. E nessa convivência conheci Darcy Ribeiro, Teotônio Villela, Moacir Werneck de Castro, intelectuais importantes que admirava desde garoto. Um período muito legal, muito importante. Durou uns três anos.

Após a Globo, fiz outro curta, *Dor Secreta*, sobre o Ernesto Nazareth, com Ana Miranda e o José Kleber. Foi produzido pelo Hélio Ferraz, que depois faria *For All* e *Viva Sapato!*. Ele produziu também longas de Cacá Diegues e Jabor. Fiz *Dor Secreta* com dinheiro, mas logo voltei a fazer produção de filmes como *Bar Esperança* e *O Homem da Capa Preta*. Em *O Rei do Rio*, do meu ex-assistente Fábio Barreto, fui produtor artístico. A Tessy estava no elenco. Nas filmagens, em 1985, aconteceu nossa separação.

Com Tessy Callado e Ângela Maria, Rio (1983)

## Capítulo XIX
## O Filme *Leila Diniz*

O analista continuou me pondo contra a parede quanto a voltar à direção. Fazia uns curtas e voltava para a produção. Não era bem isso que eu deveria fazer. Foi quando, em 1987, o Cacá Diniz, produtor, me procurou com a idéia de fazer um filme sobre a Leila Diniz. Como já tinham passado quase 15 anos da sua morte, eu olhei em volta e vi que a sociedade brasileira tinha mudado. As mulheres exibiam naturalmente a gravidez nas praias do Brasil. E a primeira a fazer isso foi a Leila. O palavrão passou a ser dito com mais naturalidade e freqüência pela mulher. E foi Leila que o democratizou. As mulheres já estavam indo para a cama sem ser com o namorado ou marido. Enfim, olhei em volta e vi que a sociedade brasileira mudou. E o homem brasileiro, conseqüentemente, para lidar com essa nova mulher também teve que mudar. Uma grande mudança.

Só que os meus filmes, apesar de eu ter herdado de meu pai um senso de humor muito grande... No meu trabalho eu me divirto muito, os outros também, podem ver as fotos, sempre tem gente rindo ao meu redor. No entanto, os meus filmes tinham certo baixo-astral.

*Mãos Vazias* é baixo-astral herdado do Lúcio Cardoso. Eu me identifiquei com esse clima da literatura dele, toda católica, problematizada. *O Princípio do Prazer* acho que não aconteceu porque não consegui romper com o baixo-astral, a homossexualidade é meio complicada, reprimida, não vai às vias de fato. Era estranho porque era algo que eu já trabalhava na análise. O Júlio Paraty já tinha me dado esse toque antes do meu psicanalista. *Você tem que fazer filmes alegres*, me dizia. *Você é uma pessoa tão alegre, como é que você faz filmes baixo-astral?*

Por isso, pensei: *Como é que eu vou fazer um filme sobre a Leila com essa carga de baixo-astral?* Ela era o oposto, era uma mulher solar, alegre, promoveu a revolução da alegria em uma época carregada de obscurantismo. Ao mesmo tempo, tinha medo que a dor da perda dessa grande amiga contaminasse o filme, fizesse dele um filme triste, obscuro, sombrio.

Já tinha me dado alta da análise quando o Cacá me trouxe essa idéia. Então, voltei para a análise individual com o Mascarenhas para limpar o baixo-astral da minha vida. A psicanálise tinha me ajudado muito. Com ela aprendi a ganhar dinheiro, a viver minha homossexualidade de maneira mais tranqüila, sem agressividade.

É que depois da repressão dos anos 70, com a coisa do desbunde, a afirmação da sexualidade ficou muito agressiva, muito escandalosa. E sem necessidade. A análise me deu equilíbrio.

Depois que voltei para a análise com Mascarenhas, parti para o filme. As primeiras pessoas que decidiram entrar com dinheiro foram três mulheres. Uma, a Inês Bloch, foi indicada pelo Mascarenhas. Era casada com um dos Bloch da Manchete e estava em um processo de querer ter a sua própria identidade. Para ela foi uma maravilha, foi a primeira coisa que produziu na vida.

A outra foi a Ana Lúcia Magalhães Pinto, de família mineira tradicional, tinha sido casada com o Mascarenhas. Minha amiga até hoje, ela cuidou da área do cinema do Banco Nacional, da família. Foi a responsável pelo patrocínio de muitos filmes, muitos eventos. A terceira mulher foi a Lúcia Almeida Braga. Elas me ajudaram a captar mais recursos, a Inês arrumou vários sócios, como o Ponto Frio.

Aí, começamos o filme. Eu tinha medo porque, na classe cinematográfica, havia uns *bochinchos* tipo *como um filme sobre a Leila? Imagina...* Mesmo assim, saí à procura da atriz ideal. Fazia testes, ia ao teatro, não achava, me angustiava.

Até que um dia o Mascarenhas me deu um toque: *Sabe por que você não acha? Você está procurando a Leila. Você tem que botar na tua cabeça que a Leila já morreu. Tem que achar uma que faça a Leila.* E aí, achei a Tássia Camargo que já tinha feito TVE e outros filmes. E eu tinha visto um vídeo da Ana Maria Magalhães, *Já que Ninguém me Tira pra Dançar*, onde a Tássia, a Louise Cardoso e uma outra atriz faziam a Leila. A busca havia terminado, assinamos contrato com a Tássia. Só que ela engravidou.

Pensei na Louise. Eu a conheci quando ela dublou uma das personagens de *O Princípio do Prazer*. Naquela ocasião, comentei: *É impressionante como a tua voz lembra a da Leila Diniz.* Nem pensava então que, um dia, iria fazer esse filme. Quando chamamos a Louise, achava que ela não poderia fazer a Leila de 16 anos. Fizemos testes e mais testes, fiquei impressionado, vi que ela podia fazer a personagem. Começamos a trabalhar juntos porque a Louise é uma atriz que mergulha profundamente, enlouquecidamente, no que está fazendo. Sugeri para ela fazer análise porque vi que ficou muito balançada emocionalmente. Louise é bem diferente, vegetariana, não fala palavrão, não tem nada a ver com a Leila.

*Louise Cardoso e Carlos Alberto Ricceli em* Leila Diniz *(1987)*

*Diogo Vilela (como Bigode) e Marcos Palmeira em* Leila Diniz

Filmamos, o Mascarenhas de assistente. E enfrentava comentários. Encontrava com o Jabor que perguntava: *Mas por que a Louise Cardoso? Ela não tem a sensualidade da Leila.* E eu respondia: *Tem sim. E olha, aquele filme que você fez, em que a Fernanda Torres ganhou o prêmio de atriz em Cannes, ela com os seus vinte e poucos anos, também não tem aquela vivência de uma mulher de 40 que teu personagem tem.* Eu devolvia as provocações rapidamente, mas dentro de mim ficava uma insegurança muito grande. O Bruno Barreto também: *Mas esse papel era para Sônia Braga fazer 10 anos atrás. Por que você não chama fulana?,* dizia, apontando uma modelo de sucesso naquele momento. As pessoas têm uma mania de se meter de forma predatória. Foram indelicados, mas não chegaram a atingir nenhum milímetro do meu desejo de fazer o filme com a Louise.

Eu e ela começamos a trabalhar bem antes da filmagem. Assistimos filmes, lemos muita coisa, conversamos com muitas pessoas, enfim foi um trabalho muito rigoroso na construção da personagem. E teve um resultado maravilhoso. O filme, além de ter feito um grande sucesso de público ganhou muitos prêmios em festivais. A Associação dos Críticos de São Paulo deu para Louise o prêmio de melhor atriz do ano. Ela ganhou outros prêmios.

Realmente, foi um desafio fazer uma biografia de uma pessoa que, na memória coletiva, ainda está viva por causa dos filmes, das gravações na TV, das reportagens... E o meu medo era que a amizade minha com Leila fizesse com que o filme passasse certa nostalgia que, felizmente, não tem. E acho que adquiriu certa universalidade na comunicação. Vi isso quando passou no festival de Washington, as pessoas riam das piadas da mesma maneira que um espectador carioca ou nordestino, assim como choravam no final. Em Cuba, no Festival de Havana, também fomos bem recebidos. Fiquei muito feliz com o resultado. Ele foi feito principalmente para os jovens que desconheciam a Leila. E o grande público era a juventude. Esse sucesso inaugurou em mim um forte desejo de fazer uma cinema popular, de maior comunicação.

## Capítulo XX
## Acaba a Embrafilme

Em seguida, em 1988, fiz *Entre sem Bater*, um documentário dramatizado sobre o Barão de Itararé. Tem, mais ou menos, uns 30 minutos, foi produzido para a TVE com o apoio do Banco Nacional. Convidei o Buza Ferraz para fazer o Barão. Ele até ganhou um prêmio do júri popular do Festival do Maranhão. Eu conheci pessoalmente o Barão de Itararé, já velhinho, nos comícios. Na verdade, ele era um grande anarquista. Em seguida, o Buza me chama para fazer *Super-Helinho e os Heróis sem Agá*, 30 curtas com um minuto de duração cada. O Super-Helinho é um boneco, um personagem incorporado em suas campanhas políticas e no trabalho pelo Hélio Ferraz, irmão do Buza, de quem fiquei mais amigo ainda. Tanto que sou padrinho de um de seus filhos, o Antônio Bento.

Ainda em 1988, comecei a preparar o projeto de *O Surfista de Trem*, uma história de amor, um *Romeu e Julieta* suburbano. Estava tudo encaminhado, saiu uma grana da Embrafilme para a pré-produção quando veio o Fernando Collor e aquilo que todo mundo conhece: o fechamento da Embra. Veio uma profunda depressão. Mas estou retomando o projeto, com Cacá Diniz.

Com Buza Ferraz e a neta do Barão de Itararé, na estréia de *Entre Sem Bater* (1988)

Queria lembrar o seguinte. Em 1986, conheci um garoto de 15 anos, o André Naldoni. Era de uma família de Taubaté. Ele tinha pai e mãe, o pai é até hoje um metalúrgico. Conheci o André em Paraty e resolvi assumir ele como meu filho. Cuidei da sua educação, dos estudos. Ele veio para o Rio estudar e resolveu fazer cinema. No *Leila Diniz*, André foi assistente de câmera. Também exerceu a mesma função em *O Grande Mentecapto*, do Oswaldo Caldeira. Virou meu grande amigo, meu grande confidente, meu filho mesmo. Na época do Collor ele estava casado com uma garota. E ele me ajudou muito, assim como o Ney Latorraca, que pagou as minhas contas.

O André trabalhava muito, e ganhava fazendo publicidade. Trabalhou na ECO 92 e eu estava numa depressão tão violenta que não conseguia levantar da cama. Ele passou a me forçar a dar caminhadas no Leblon, me levava. Numa dessas caminhadas encontrei a minha amiga Stella Marinho, mãe dos filhos de Roberto Marinho. Ela estava dirigindo a Casa de Cultura Laura Alvim e me convidou para dar um curso. Na hora, recusei e, brincando, disse que só se fosse de arqueologia do cinema, diante do quadro criado por Collor. Mas depois pensei e acabei propondo um curso sobre a história do cinema brasileiro. E assim foi. Consegui apoio do *Jornal do Brasil*, que fez uma bela campanha de divulgação.

Foi bom porque estudei também o cinema brasileiro e essa atividade me deu uma nova perspectiva, vi que o cinema brasileiro não é uma indústria, mas tem uma cinematografia. E tem essas lacunas que dependem da questão política. E vi que aquele era o momento de sobreviver, de correr atrás e pagar as contas. Isso, depois, vai passar. Comecei então a desenvolver essa atividade de ensinar.

*Com seu filho André Naldoni (1986)*

## Capítulo XXI
## A Experiência Cubana

Em 1991, o Ney Sroulevich, produtor que morreu em 2004 e que organizou o FestRio onde o André trabalhou, me telefonou para dizer que seu amigo, o escritor Gabriel García Márquez, patrono da Escola Internacional de Cinema de Cuba, em Havana, estava preocupado com a situação difícil dos cineastas brasileiros. E me propôs ir a Cuba para dar aulas lá. Na hora, lembrei do meu medo das ditaduras, daquela história da perseguição aos gays. Mas me garantiram que isso já não existia mais. E essa escola era famosa, superlegal. Disse então que ia conhecê-la, mas sem assumir compromisso.

Assim foi e fiquei impressionadíssimo. Aqui não acontecia nada, e lá a escola recebia cerca de uma centena de alunos do mundo inteiro, ou quase: América Latina, África e Ásia. Tinha gente da Espanha também. Me mudei para Cuba e deixei o André tomando conta da minha casa. Foi uma experiência enriquecedora. Pude conhecer cineastas do mundo inteiro que passavam por lá. Aquilo era um aeroporto cultural: o Coppola, o Robert Redford, o Giuseppe Tornatore, diretores da América Latina...

*Com Compay Segundo, em Havana (1995)*

*Em Cuba, na Escola de Cinema (1992)*

*Com seu afilhado Fernando Tenório, em Cuba (1992)*

## Capítulo XXII
## O Retorno ao Brasil

Representando a escola, fui a muitos países da América Latina. E numa ida ao México, encontrei o Luiz Carlos Barreto que me disse: *Olha, o Collor caiu e nós estamos nos articulando. Está na hora de você voltar.* Pensei muito naquilo.

Em 1987, eu tinha estado no 1º Festival de Cinema de Natal, quando apresentei *Leila Diniz*. Fiquei tão apaixonado pela cidade que pensei em fazer um filme lá. Voltei diversas vezes a Natal. E numa dessas idas, conheci um intelectual potiguar, o advogado Ticiano Duarte. Mais velho, me contou aquela história da presença das tropas dos Estados Unidos em Natal, durante a Segunda Guerra. Eu sabia da existência das bases que os americanos construíram lá, estratégicas para combater os nazistas na África. Mas desconhecia a importância dessa presença na evolução cultural do Rio Grande do Norte.

Foi assim que germinou *For All – O Trampolim da Vitória*. Durante a minha estada em Cuba eu comecei a escrever o roteiro. Mandava para o Buza Ferraz no Brasil, ele tocava e me mandava de volta.

Depois daquela conversa com Barreto, sabendo da queda do Collor, decido voltar ao Brasil com a intenção de fazer esse filme. Teve aquele famoso primeiro edital no governo do Itamar Franco; o Ministério da Cultura disponibilizou cerca de US$ 40 milhões retidos na remessa de lucros das empresas estrangeiras durante o período Collor. Nós entramos com o roteiro, tinha o primeiro tratamento meu e do Buza. Mas não ganhamos, outros ganharam, e eu fiquei bem deprimido, mas o Buza falou: *Calma, aos poucos vamos correr atrás de novo.*

Aí eu fiz dois documentários patrocinados pelo Buza. Um é *Antônio Parreiras*, um pintor paisagista. Tem o museu, lá em Niteroi. E o outro é o *Quirino Campofiorito*, outro pintor contemporâneo. O Jorge Roberto da Silveira era prefeito de Niterói, um prefeito que revolucionou as áreas da medicina e da cultura. Construiu o Museu de Arte Contemporânea, com o Oscar Niemeyer, e colocou a minha disposição uma sala no Theatro Municipal que ele recuperou também. E disse: *Você faz o que você quiser.* Eu já tinha criado a minha metodologia de ensinar com a experiência de um ano em Cuba e aí organizei uma oficina que durou dois anos. Realizamos cerca de 18 vídeos com os alunos que se apresentaram. Dali saiu muita gente que está no cinema.

## Capítulo XXIII
## Entre Dois Amores

Voltando a *For All*, paralelamente a essa atividade didática, eu e Buza continuamos trabalhando no projeto até o Bruno Stropiana conseguir uma entrada da Columbia com o Rodrigo Saturnino. E na filmagem, chamei alguns de meus alunos. Um deles, da Nicaraguá, tinha sido assistente do Ken Loach em 1995. É o Humberto Jiménez. Outro aluno, o ator Chico Vila, veio de uma oficina que fiz em Natal mesmo na pré-produção de *For All*. Em resumo, eu tinha 11 assistentes. Foi o primeiro e único filme que eu fiz com muito dinheiro: US$ 6 milhões. Uma equipe de 70 pessoas, tinha dinheiro para tudo. Tive como diretor de arte o Alexandre Meyer, nunca mais quero me separar dele. Fez o filme da Norma Bengell, o meu *Viva Sapato!* e muitos outros.

Mas tem uma coisa engraçada que aconteceu antes de filmar *For All*. Fui a Cuba como jurado do festival de Havana e reencontro o meu ex-namorado, aquele guarda lá da escola. Nós havíamos visto juntos a estréia de *Morango e Chocolate*, aquele famoso filme cubano do Tomás Alea que conta a história de um homossexual que se apaixona por um garoto da juventude comunista.

*Com Buza Ferraz na filmagem de* For All *(Natal, 1996)*

For All: *o grande premiado do Festival de Gramado 1997*

*Com Buza e Diogo Vilela em* For All

*Bianca Byinghton em* For All

Caio Junqueira em For All

For All: cenas com Caio Junqueira, Alexandre Barros e Flávia Bonato

E ele me diz que queria vir para o Brasil. Foi em 1995. Comecei a tratar disso. Mas a burocracia comunista demora muito tempo, especialmente com jovens que eles querem mandar para trabalhar na agricultura.

Nessa demora de meses, eu já estava indo para Natal levantar patrocínio. Ali, em meio ao *Carnatal*, que é um carnaval fora da época, conheci um rapaz. Foi uma relação muito centrada no sexo. Falei para ele: *Olha, eu tenho um namorado em Cuba que está vindo pra cá*. Mesmo assim, depois, ele me ligou e disse: *Estou indo para o Rio*. Meu pai, que estava sozinho em minha casa lá no Horto e que já morava comigo – minha mãe já tinha morrido em 1987 e minha irmã também, aos 49 anos – o recebeu.

Depois eu disse que o cubano estava chegando e que eu não podia impedir a sua vinda. Isso não se faz com um jovem que consegue sair daquele país. A juventude cubana enfrenta até tubarões para se livrar daquele regime de fome e de falta de liberdade. Aí ele chegou. Do aeroporto até a minha casa, contei a verdade. Ele ficou louco e ao mesmo tempo os dois começaram a exigir uma definição minha. Mas eu dizia que não tinha nada a ver com isso. E eu, meu pai, a empregada crente, o rapaz cubano e o rapaz de Natal moramos juntos durante oito meses.

## Capítulo XXIV
## Um Caipira em Hollywood

Quando acabam as filmagens de *For All*, o Gabriel García Márquez me convidou para fazer parte do júri do concurso de roteiros inéditos no festival de Havana. Um dia antes da minha viagem, o produtor executivo, o Tuinho Schwartz surgiu e disse: *A gente está com um buraco de um US$ 1 milhão*. Fiquei apavorado, mas tinha gente correndo atrás de captação. Peguei o avião pra Cuba. Na viagem, essa preocupação virou motivo de alegria íntima. *Puxa, nunca pensei que ia na minha vida chegar a dever um US$ 1 milhão. A que ponto cheguei*, pensei deslumbrado.

Em Cuba, fiquei sabendo que tinham surgido novos incentivos e aportes para pagar esse milhão. Aí decidimos fazer a finalização do filme em Los Angeles, desde o som na própria sede da Dolby até a montagem do negativo, a marcação de luz, tudo em laboratório americano. Fomos para Hollywood, ficamos hospedados em um hotel em Santa Monica, eu, o produtor executivo Tuinho Schwartz, o Guy Gonçalves, diretor de fotografia e o Rodrigo Noronha, da Mega Studios, onde fizemos uma pré-mixagem. Saímos de carro e eu lia aquelas placas: *Hollywood*.

Nunca tive esse desejo subdesenvolvido, essa pulsão do colonizado deslumbrado. Conheço muitos cineastas que fizeram de tudo para virar americano. Eu tenho um orgulho ufanista, choro com o Hino Nacional, essas reações infantis, porém genuínas. Mas foi fantástico o contato com aquela tecnologia, principalmente o processo de mixagem, de marcação de luz. E os americanos que, pela idade, desconheciam esse episódio no Nordeste do Brasil, riam muito das piadas.

Depois, o filme ganhou os prêmios de público e do júri do festival de Miami. E voltei a Los Angeles para acompanhar *For All* em um festival latino-americano. Não era competitivo, o filme foi muito bem recebido. E houve um almoço em um estúdio imenso dentro da Paramount ou Universal, não lembro. Sentei em uma mesa de oito pessoas com jovens diretores espanhóis. Muito discurso, muita comida, decidi ir para o hotel. Quando saí do estúdio, os motoristas das vans que nos conduziam tinham ido almoçar. Aí resolvi pegar um táxi na rua. Coisa absurda e difícil em Los Angeles. Fui andando, perguntei como se saía do estúdio, me indicaram os caminhos. Mas eu me equivoquei e fui parar em uma rua cenográfica. Só que não me dei conta. Vi uma caminhonete parada lá no fim e pensei: *Aqueles caras vão me dar dicas*. E saí caminhando nessa direção.

Parecia um Mazzaropi perdido. Ao chegar perto vi que era uma caminhonete de cena retirando objetos de uma lojinha também de cena. Me senti ridículo. Um cineasta do Terceiro Mundo perdido e, pior, enganado por aquela fábrica de sonhos monumental.

Com os pais, no Festival de Cinema de Petrópolis / Quitandinha (1955)

Tinha uma acompanhante na sua casa, mas ele morreu porque levou um tombo à noite, quando foi pegar água na cozinha. Foi hospitalizado e, nessa idade, uma queda acaba trazendo mil complicações.

Mesmo assim, prossegui nas pesquisas de material, encontrei na cinemateca do Museu de Arte Moderna do Rio as imagens da chegada dos pracinhas em 1945, que ele filmou no dia em que eu nasci, recuperei o documentário do comício do Prestes. Foi uma viagem de recomposição de um cineasta e da figura paterna. Foi muito legal porque, como contei, eu tinha saído de casa meio brigado com ele por causa do Lúcio Cardoso. Tive uma dificuldade muito grande para me aproximar afetivamente dele. Não tenho em minha memória afetiva um beijo dele. Acho até que essa minha relação com o Lúcio nasceu dessa procura, dessa curiosidade pelo contato físico com um homem mais velho.

*Com Elza e Jorge Perugorría em Havana (2001)*

# Capítulo XXVI
# Evocando Cuba

Lá na MultiRio eu tinha conhecido uma senhora, a Lucy Mattos, que foi muito generosa comigo. Depois do lançamento de *For All*, ela me indicou para trabalhar no Senac Nacional que queria fazer uma série sobre a História da Gastronomia Brasileira. Eles queriam alguém com um perfil de cineasta para os 30 programas. Comecei, fiz os programas em praticamente dois anos. Levei a minha equipe, o meu assistente Leandro Corinto. Viajei pelo Brasil inteiro. Aprendi muito a respeito. A pesquisa era feita pelo Carlos Ditade, grande conhecedor da gastronomia. E o roteiro era do Nick Zarvos. Marcos Breda foi o narrador. Foi muito agradável o trabalho, essa série vende muito até hoje.

Mas, ao mesmo tempo, eu queria fazer um novo longa e, de uma certa maneira, queria nesse novo filme falar das coisas que vivenciei em Cuba. Lá na Escola em Havana, tinha ficado amigo do Jorge Perugorría, o ator de *Morango e Chocolate*. Ele costumava ir lá para trabalhar de graça nos filmes dos alunos. Falei pra ele que queria fazer um filme sobre as loucuras que aconteceram comigo em Cuba e também falar das semelhanças entre Brasil e Cuba, aquele povo no meio daquele regime pavoroso, a falta de tudo, principalmente de comida e liberdade, que são essenciais. E, no entanto, eles têm aquela alegria de viver muito parecida com a dos pobres no Brasil. E essa forma de vida, essa alegria, não é uma alienação. É um compromisso com o prazer. Queria fazer um filme que falasse dessas culturas que, acho, é assim por causa de suas etnias, principalmente da forte presença do negro, que garante esse vigor na música, na sexualidade.

O Jorge me contou uma história que, lá em Cuba, teve várias versões. O próprio Cabrera Infante conta em um livro que ele apresenta sobre Havana Velha. É a história de um par de sapatos que uma cubana recebe depois de visitar familiares em Miami, onde reclama da miséria. Um dia, em Havana, ela recebe de Miami um par de sapatos. Na hora, considera seus parentes malucos: *Estou passando fome e me mandam esses sapatos?* Sem saber que tinha dinheiro dentro dos saltos, vende para um camelô. Vi que esse enredo tinha um bom pretexto para trazer a ação para o Brasil e, ao mesmo tempo, através do percurso percorrido por esses sapatos, contar a história. Contei-a para Walquíria Barbosa, minha amiga de muitos anos que organiza o Festival Internacional do Rio. Ela gostou e disse: *Vamos produzir o filme.*

Só que a proposta era filmar noventa por cento, pelo menos, em Cuba. Começamos a entrar em contanto com o Instituto de Cinema de lá. Mas foi justo em um momento de endurecimento da política em Cuba. O cinema cubano sempre teve liberdade de expressão, foi o único setor da atividade cultural que tinha essa liberdade. O Alfredo Guevara, que está vivo ainda, deve ter uns 80 anos, foi o homem que levou Glauber para Cuba, é da geração de Fidel Castro, era do movimento estudantil durante a revolução, é homossexual, foi quem fundou o Instituto de Cinema em Cuba, a cinemateca e pediu garantias para que o cinema tivesse liberdade. E isso era evidente, por exemplo, nos primeiros longas do Alea, como *Memórias do Subdesenvolvimento* e *A Morte de um Burocrata*. São todos filmes críticos. Mas a linha-dura sempre ficava no ouvido do Fidel: *Ah, esse cinema é contra-revolucionário...* E nesse ano, o Fidel fez aquele famoso discurso de sete horas. Uma hora foi só para falar mal do cinema cubano, que era contra-revolucionário. O Guevara, que não tem nada a ver com Che, chamou a imprensa internacional e disse que os cineastas cubanos não eram contra-revolucionários, que o Comandante não era mais nem menos revolucionário que os cineastas. Aí, ele foi afastado do instituto, hoje é uma figura decorativa do festival de Cinema de Havana.

No seu lugar assumiu Omar Gonzalez. Era o cara do departamento de cinema das forças armadas revolucionárias.

É nesse momento que vou a Cuba negociar. Eles pediram o roteiro. Não disseram que não permitiriam a filmagem. Mentiram, dizendo que não havia nem técnicos e nem atores disponíveis. Eu, que até hoje me comunico com os meus amigos cubanos, sabia que eles precisavam daquele trabalho. Alguns até para comer a comida que o socialismo do Sr. Fidel não lhes deixa chegar no prato. Insisti, tentei, mas vi que não dava mesmo.

Mas, em 2001, decidi que não ia deixar de fazer esse filme por causa dessa ditadura. Aí, resolvi filmar clandestinamente os planos gerais em Cuba. Peguei um carro velhinho para não chamar muita atenção, uma equipe pequena e parava nas ruas onde não tinha polícia e mandava ver. Plano geral do Hotel Nacional. Cortava para cenas feitas no Brasil, no Hotel Quitandinha funcionando como interior. O Castelo Del Morro, aquela famosa fortaleza cubana. Cortava para o interior da Fortaleza de São João, no bairro da Urca, no Rio. E por aí foi. Trouxe atores cubanos como a Laura Ramos e o Wladimir Cruz que fez *Morango e Chocolate*. O Jorge Perugorría tinha a intenção de atuar no filme. Mas como ficou um filme meio proibido em Cuba e como ele mora lá, é um ator muito conhecido que tem livre trânsito – pode ir à Europa fazer filmes que quer e retornar – ficou com medo de participar. Como *Viva Sapato!* é uma co-produção com a Espanha armada pela Walquíria, acabei convidando o Jorge Sanz, muito popular em seu país, que fez filmes com Fernando Trueba. Eu já o conhecia de um FestRio, éramos amigos. Da Espanha também trouxe a María Galiana que em 1999 tinha sido a principal intérprete de Solas, o primeiro longa de um ex-aluno meu, Benito Zambrano, que ganhou uma infinidade de prêmios. Ela também tinha ganhado com esse trabalho o Goya, que é o Oscar espanhol. Os cubanos vieram para o Brasil através do México, para despistar a vigilância dos famigerados agentes do Ministério do Interior sediados no Instituto do Cinema dessa ditadura caricata.

Foi tudo muito divertido. O meu diretor de arte, o Alexandre Meyer, foi maravilhoso porque ele criou uma Cuba dentro do Rio de Janeiro. Não só exteriores como também internos. Foi muito engraçado no sentido de fazer, por exemplo, de um local da Escola Superior das Forças Armadas, na Urca, uma escola de educação física cubana, com bandeira e tudo. E pensei: *Puxa, a gente está sempre na contramão. Quando era garoto e comunista, não se podia falar em Cuba.*

*Agora, posso falar de Cuba no Brasil e não posso fazer um filme em Cuba porque fui proibido. E Viva Sapato! foi proibido de ser exibido lá. O que acontece é que virou cult em Havana, passam de mão em mão os DVDs do meu filme. Continuo, sem querer, clandestino.*

*Na Parada Gay 2004, divulgando* Viva Sapato!

*Com Jorge Sanz e Laura Ramos,* Viva Sapato! *(2002)*

# Capítulo XXVII
## A Luta Continua

Depois do *Viva Sapato!*, fiz *A Morte de Narciso*, documentário poético e erótico sobre o trabalho do Alair Gomes, fotógrafo dos anos 70, o primeiro dos nossos a colocar o nu masculino nas fotografias. Um sujeito que no Brasil ainda é desconhecido das novas gerações, ainda é meio maldito pela temática. No entanto, em 2001 a Fundação Cartier fez uma megaexposição em Paris. Tinha um catálogo que é um livro com textos de críticos famosos dizendo que ele é um dos fotógrafos mais importantes do século XX. Para o documentário, fiz uma seleção de poemas homoeróticos, inclusive o *Ode Fálica*, do Walmir Ayala, chamei uns atores que parecem os jovens modelos que ele fotografava nas praias. O embaixador Arnaldo Carrilho me deu apoio na Rio Filmes para fazer o documentário.

Eu conheci o Alair porque ele freqüentava a casa do Lúcio Cardoso. Mas nunca fui seu amigo. Uma figura estranha, parecia um indiano com cabelo comprido. Naquela época do desbunde, no *pier* de Ipanema, cheguei a vê-lo fotografando os garotos, com tele, pegando as pessoas em sua espontaneidade. Queria tirar esse cara das sombras.

Já foi exibido na TV pelo Canal Brasil e pela GNT e em vários festivais, na mostra Mix Brasil. No de Tirandentes foi bem aplaudido, só três adolescentes saíram indignados. Em compensação, duas senhoras de uns 70 anos vieram me cumprimentar, dizer que estavam sensibilizadas com o filme e a obra do fotógrafo. Interessante essa compreensão de gerações tão diversas.

Uma coisa que foi muito permanente em minha vida: a política. Eu deixei de fazer política partidária há muitos anos, não quero mais fazer, me nego a fazer. Todos os que eu achava libertários acabaram se revelando conservadores. Mas eu sou um dos fundadores, há 30 anos, da Abraci – Associação Brasileira de Cineastas. É a primeira associação de diretores independentes. Nelson Pereira, Leon Hirszman, Joaquim Pedro de Andrade estão entre os fundadores.

Durante algum tempo, nos anos 80, eu atuei na diretoria do Sindicato dos Artistas e Técnicos em Espetáculos do Rio de Janeiro, lutei pela regulamentação profissional, pelos direitos autorais. Naquela época não havia um sindicato dos trabalhadores em cinema apesar de já existir a Abraci. Depois eu me afastei da atividade política, de uma forma geral.

Existia pontualmente um movimento homossexual organizado. Como eu não queria fazer parte de grupo nenhum, eles como sabiam que eu sempre tive uma postura muito clara sobre dessas questões, em especial o Grupo Arco-Íris a quem sou ligado indiretamente... É que eles me convocam muito. Por exemplo: o Papa fala contra os homossexuais. Aí me chamam, estou sempre lá ao lado do Gabeira, do também deputado estadual Carlos Minc que fez o projeto permitindo passar a pensão de um funcionário falecido para o companheiro. A governadora Rosinha tentou derrubar, mas nós fizemos uma movimentação danada na Assembléia Legislativa e na mídia, conseguimos manter.

Então, politicamente, participo de forma desorganizada, sem nenhuma filiação. Até ganhei da Câmara dos Vereadores do Rio uma moção pela minha atividade na defesa dos direitos dos homossexuais. Uma solenidade bacana com travestis, bandeira do Arco-Íris, vereadores fazendo discursos seriíssimos. Nunca imaginei que iria viver uma situação como essa. Sou de uma geração que passou por tudo aquilo que já contei. Isso foi em 2002.

Nesse momento, estou fazendo um documentário sobre Vitor Arruda, outro artista plástico do Rio de Janeiro. É um revolucionário que desde a década de 1970 faz uma pintura inspirada no Carlos Zéffiro, no Museu do Inconsciente, em grafites de banheiros públicos. Irreverente, é considerado uma grande influência da geração dos anos 80. Também fiz para o Canal Brasil, para o programa *Retratos Brasileiros,* um documentário sobre Paulo Villaça, o ator de *O Bandido da Luz Vermelha*. Outros sobre o meu também amigo Arduíno Colasanti, sobre Alex Viany, o Oduvaldo Viana Filho e um documentário sobre Cinema Brasileiro & Homossexualidade. E um assistente meu, o Luciano Perez, dirigiu também para o Canal Brasil um documentário sobre os meus 40 anos de atividades, que, aliás, foram comemorados em 2005 no Festival de São Luís do Maranhão, com uma retrospectiva de meus filmes.

## Capítulo XXVIII
## A Alegria no Trabalho

Uma coisa que é uma característica muito forte de minha personalidade e que marca a minha vida é a extrema alegria e bom humor naquilo que eu faço. Um extremo compromisso com a alegria, com o prazer de viver. Eu sou muito brincalhão, as minhas equipes morrem de rir comigo, os atores se divertem. A gente trabalha duro na filmagem, mas rola sempre um clima legal. Jamais alguém me verá mal-humorado, brigando, até porque é tão difícil você juntar os recursos para fazer um filme que, quando se consegue, o prazer é extremamente maior, não há problema que você não consiga administrar. O importante é inventar soluções artísticas para os problemas e não dar escândalo, dizer que não filma.

No próprio final de *Leila Diniz*, a diretora de arte Yurika Yamasaki queria fazer a Leila aparecer subindo numa escada e entrando num avião. Falei: *A gente não vai conseguir porque nenhuma empresa vai querer emprestar um avião por causa da morte da Leila.* Mas conseguiram com o compromisso de cobrir a marca. Fomos no dia acertado ao aeroporto Tom Jobim. Já estava o avião coberto e quando eu lá em cima no praticável comecei a enquadrar, veio uma caminhonete da companhia aérea.

O departamento de marketing achou por bem proibir essa filmagem. Lembrei então que a gente tinha trazido um *laser* para dar uma luz especial no plano final. E também lembrei de um painel enorme com uma paisagem que tinha no estúdio. Aí, fizemos um furo no meio do painel, botamos a Louise saindo de lá. E ela vai se afastando da câmera, dando adeus, aquelas luzes do *laser* passando debaixo dos braços dela. Ficou um clima mágico, ela sumindo como se estivesse entrando numa tela e ao mesmo tempo em uma paisagem. Ficou belíssimo, uma solução inventada na hora por conta dos problemas inesperados.

## Capítulo XXIX
## Toda Nudez será Permitida

Tem uma coisa engraçada na minha vida e que reflete esse clima alegre no trabalho. Por ter vivido intensamente os anos 70, essa questão da nudez eu sempre encarei com tranqüilidade. Eu meio que inventei um método de trabalho que, quando tem cenas de sexo e atores nus, eu também tiro a roupa. Muitos acham engraçado. O Jorge Sanz em *Viva Sapato!* me perguntou: *Como é que vou chegar na Espanha e dizer que o diretor está sentado na cadeira de diretor com as pernas cruzadas e nu?* Na filmagem de *Leila Diniz*, quando fomos rodar uma seqüência na casa do Oscar Niemeyer, lá nas Canoas, uma casa linda que ele emprestou... A Louise, uma pessoa muito tímida e o Carlos Alberto Riccelli não se conheciam. Precisava filmar várias seqüências de nu e sexo naquele dia, pois coincidiu de ser o último dia de locação e o único que o Riccelli dispunha porque estava fazendo outro filme. Aí os dois chegaram de roupão, eu os apresentei, deram beijinhos, mas... ficou aquela saia justa. Precisava resolver isso. Fui ao banheiro, tirei a roupa e vim nu para o set. Todos riram e eu falando: *Vamos lá, minha gente, vamos trabalhar.* Essa descontração facilitou e a gente filmou tudo o que precisava. A partir daí usei isso como *método*.

E até cria certa expectativa em filmagem: *Será que amanhã ele vai tirar a roupa? Tem uma cena de sexo.*

O Zeca Pinheiro Guimarães, fotógrafo de cena em *For All*, fez uma imagem em que estou nu, dirigindo. Além de ter sido assunto de um programa especial do Canal Brasil sobre fatos pitorescos e engraçados, rendeu uma ampla discussão em curso de comunicação e jornalismo em uma faculdade. Certa vez, o Zeca me pediu licença para expor a foto em um evento. Eu autorizei e até me esqueci. Um dia recebo um convite para um vernissage do Zeca no consulado da Argentina e eu cheguei meio atrasado. Encontrei vários cineastas colegas que tinham trabalhado também com o Zeca. Eles riam muito e eu não entendia o porquê. Aí, veio uma equipe de TV me pedir uma entrevista. Concordei e eles pediram: *Vamos lá pra trás.* Quando cheguei lá tinha uma foto enorme: eu, nu, de costas, nas filmagens de *For All*. Por isso que queriam a entrevista lá. Até vai sair um livro do Zeca com suas fotos, essa inclusive. Por isso, o *método* virou meio folclore.

*Toda a nudez: método de trabalho em* For All

# Capítulo XXX
## Metodologia & Planos

Como é o meu processo de trabalho? Eu fico amamentando uma idéia às vezes anos. Claro que essa viagem não é monotemática: na verdade, eu fico surfando em diversas idéias. Às vezes, núcleos, croquis, e mesmo projetos inteiros paralelos. Tem alguns que acabam passando para trás da fila, mas retornam, de repente, como um susto.

O *For All* eu pensei numa ida ao I Festival de Natal, quando fui com o filme *Leila Diniz*. Gostei daquele paraíso e tratei de investigar um jeito de ficar um tempo por ali, contando uma história brasileira peculiar e divertindo-me. E uma parte da história que a maioria dos brasileiros não sabia – parte da sua História. Isso é um método ou uma necessidade de aventura, de experimentar *ser* de um outro lugar?

Desde que li *O Bom Crioulo*, na adolescência, pensei o livro através de imagens que o texto vigoroso do Adolfo Caminha me evocou. Era um livro clandestino na minha casa. Um clássico romance gay brasileiro, na casa de um adolescente de pai comunista. Lia encapado, como minhas amigas deviam ler seus livros de sacanagem ou o Nelson Rodrigues – nessa época barrado nas casas de família. Mas outros projetos passaram à frente. É sobre isso que comecei a escrever.

Escrevo – no computador – as primeiras seqüências de um roteiro que elejo como o mais urgente, sem saber exatamente sob que critérios. Muitas imagens ficam vindo, dias antes, cenas inteiras – sem diálogos. Atmosferas, situações, conflitos, linhas inteiras de alguns personagens que não sei em que momento poderão entrar no jogo. Muitas vezes nem chegam a entrar. Noutras, crescem descontroladamente.

E então, começo a escrever as primeiras cenas, os diálogos, tudo – e vou interligando-as, como se uma desaguasse na outra; a próxima leva-me para lá. Em determinado momento sinto que estou contando uma história. Esse é o primeiro bom sinal, quando você começa a gostar do seu discurso, da sua maneira própria de contar. E isso é o que impulsiona e alimenta o balanço da escrita. Quando estanca, burocratiza, broxa. E não estou falando de *inspiração*, acredito na disciplina das idéias – senão fica só a viagem, e isso não vira filme, não chega às pessoas, que é para quem queremos contar essas histórias. Mas sentar diante da folha em branco (Drummond e muitos poetas já escreveram sobre isso) é extremamente excitante, desafiador, catártico e narcísico (porque parto do princípio de que minhas histórias – e incluo este livro aqui – interessariam a alguém?). Você precisa acreditar que poderá contá-las porque as pessoas precisam delas, que o outro terá vontade de acompanhá-las. Tratam da humanidade dessas pessoas.

A comédia, que marca meus últimos filmes, é um terreno mais desafiador ainda – porque o humor é uma das representações da mais fina inteligência humana, e tem o tempo, a medida, e precisa de atores absolutamente afinados entre si e que compreendam isso. Nada mais triste do que alguém não conseguir fazer com que o outro ria. Os melhores momentos, retiro-os da minha memória: coisas que aconteceram – sou um permanente observador do que acontece – ou *causos* que vamos lembrando, embaralhando, pensando em novas formatações, outras versões.

Essa disciplina, ditada pelo desafio de sentar ao computador e escrever, pode ter um intervalo de até um mês. Aí, dedico-me a outra atividade: um programa de TV, um texto, um *workshop*, um vídeo que estou realizando nesses *huecos*, ou uma viagem. Desligo dessa idéia? Impossível. Continuo pensando na história; ela toma conta de mim, me persegue – não me deixa dormir.

E, por uns dias, volátil, desaparece. Escrevo muitas versões antes de filmar. Mostro para meus assistentes, cineastas amigos, produtores, atores, alunos, filhos de amigos, um tipo de gente que é público de cinema, e ouço muito.

Claro que aproveito as idéias que gosto. Quando é o mesmo conteúdo ideológico ou a maneira que quero contar.

Para responder a uma pergunta freqüente: não escrevo pensando nos atores. Tem uma hora que você faz esse joguinho, de brincadeira, que também tem seu prazer. Mas quando escrevo, já esqueci. O personagem não deixa. E ele só é crível se for assim.

Todos os meus roteiros filmados foram modificados até o momento de rodar. Porque a história também mudou; porque aquela atriz está me ajudando a descobrir um outro rumo mais interessante; ou porque perdi um amigo ou estou perdidamente apaixonado naquele dia e isso vai estar ali naquela hora.

A escolha do elenco e da equipe é outro ponto fundamental. É preciso saber escolhê-los. Você vai dirigi-los para que eles traduzam e interpretem as suas idéias. E os que vão materializar essa fantasia com uma luz a serviço de uma atmosfera sugerida pelo roteiro literário, construída com a arte e os figurinos, e discutida conceitualmente por todas as áreas nas longas reuniões da pré-produção. Se não se descobre essa sintonia na formação de uma equipe, fodeu. E é o diretor quem vai escolher os cabeças-de-equipe dessa etapa: o diretor de arte, o diretor de fotografia e os seus assistentes.

Gosto de trabalhar com meus amigos, atores e atrizes, técnicos com quem compartilho a vida – mesmo que alguns mais e outros menos. E com pessoas de que admiro o trabalho e tenho informação de que são inteligentes, bem-humoradas, resolvidas e de bom caráter. Ou jovens talentosos, loucos para se jogar no abismo da experimentação e da ousadia. Começo a escolhê-los assim.

Não faço *story-board*, nem decupagem na pré-produção. Ao visitar e aprovar as locações, imagino como farei essas determinadas seqüências, para ter uma idéia do tempo que terei para trabalhar e para informar à produção. Mas no dia da filmagem (mesmo quando o assistente filmou, com uma miniDV, um desses pequenos delírios), chego mais cedo com os assistentes, o câmera e o diretor de fotografia e suas equipes, e começo a fazer a decupagem. Como não sou burro, ouço a todos – cinema e gozar só tem graça quando é junto. Mas claro que faço o que acho melhor. É parecido com o processo do roteiro. É uma outra etapa de contar, é o **como** contar. Onde começa o seu estilo.

A filmagem é o *spleen* total: nada me aborrece, nenhum problema é capaz de me derrubar; no máximo estou disponível para ajudar a resolver. Dirigir também é achar soluções. *Il momento della verità* – diria Francesco Rosi.

Na vida pessoal, minha libido vai pro filme. São meses sem dormir e tendo que inventar desejos malucos pra não morrer de fome. Fico numa vigília permanente – como se tivesse tomado uma droga. Um dia, exausto, durmo muito.

No final dessa etapa, preciso me afastar – viajar pra um outro país, esquecer do filme; não encontrar ninguém pra perguntar: *Como está a edição?* E, contrariando o processo parecido da fase do roteiro, consigo esquecer.

A edição e a finalização são outras fases que adoro – só a possibilidade de continuar mudando, experimentando, reinterpretando, retirando um bloco de uma certa ordem. E reintegrando-o noutra, pensada nesse minuto. Ou sugerida pelo montador.

Ouvindo um cachorro vadio ganir – como diria Clarice Lispector, ou uma freada de filme *noir*, um motor de avião da Segunda Guerra, ciscados pelo editor de som sabe-se lá onde.

Tenho muita sorte com os editores: Raymundo Higino, Ana Diniz, Juan Carlos Arroyo, Luiz Felipe Fernandes, Marcos Monteiro, Allan Fontes. A edição de som, a mixagem: tudo é artesanato e invenção.

A trilha é uma viagem à parte. Fui criado ouvindo música. Meu pai adorava. Francisco Alves, Caruso cantando óperas, marchinha de Carnaval do Lamartine, Mozart e Ângela Maria, fados em casa de meus avós portugueses, Villa-Lobos – que era amigo de meu pai, flamenco, Lupiscínio, todo o repertório das chanchadas, Silvinha Telles, Piaf, Jacques Brel e – logo a bossa nova e o *jazz*. Então, esse ecletismo criou nesse ouvido de formação ecumênica uma acuidade musical que é capaz de produzir verdadeiras parcerias com os maestros. J. Lins, David Tygell – o mais freqüente –, e André Moraes foram alguns companheiros exemplares nesse mergulho profundo.

O David lê o roteiro e começa a fazer temas, freqüenta as filmagens, telefona, leva você ao estúdio pra ouvir coisas, descobre novas idéias, doce obsessão reveladora de uma indispensável comunhão do compositor com a direção.

Tenho projetos que venho escrevendo há algum tempo: *O Surfista de Trem* – uma tragédia romântica e contemporânea (ganhou prêmio do Ministério da Cultura para desenvolver roteiro); *Glória* – sobre a riquíssima vida da atriz Darlene Glória; outros prontos: *Nísia* – sobre a feminista potiguar do século XIX, Nísia Floresta; *Tesouro da Juventude* – um infantil com índios tupinambás e piratas; *Vida Vertiginosa* – uma adaptação de contos do João do Rio; e ainda muitos outros projetos a escrever: um argumento inédito do Lúcio Cardoso, especialmente escrito para mim (*Introdução à Música do Sangue*, com algumas indicações de diálogos); *Concerto Carioca* – romance metafórico sobre o País, escrito pelo mestre Antonio Callado; *À Beira do Corpo*, romance do meu amigo Walmir Ayala; *O Enfeitiçado e Inácio* – também do Lúcio Cardoso.

Agora, o projeto que está na agulha, é a adaptação do romance *O Bom Crioulo* (o filme será *O Boca de Fogo*), que o cearense Adolfo Caminha escreveu no século XIX, e que inaugura a temática homossexual na literatura brasileira. A paixão de Amaro e Aleixo, no ambiente da Marinha, e cujo tratamento se passa naquele e no nosso século.

Esse filme é o discurso maduro sobre a homossexualidade no meu cinema.

No sentido de ser o tema central aquilo que era secundário. Em todos os outros filmes, esse olhar da homossexualidade – do desejo de um homem por outro – distinto do olhar feminino, um olhar de desejo e de virilidade juntos, está presente. Predetermina inclusive a minha maneira de filmar. Também certa identificação com ícones da cultura gay – seja o cinema de Almodóvar, as referências ao melodrama latino que é também operístico, esse universo da geração de Lúcio Cardoso, Walmir Ayala e do fotógrafo Alair Gomes, sem o catolicismo deles, e com os meus anos de psicanálise e contracultura. Até o que se convencionou chamar de *bom gosto*, como os filmes de Visconti ou a prosa poética de Lezama Lima. *Mãos Vazias* e *O Princípio do Prazer* têm esse desenho; o homossexual Sandoval (Luiz Carlos Tourinho) mesmo quando faz o discurso político sobre a sua orientação sexual é o mesmo que vemos num número musical com marinheiros num banheiro – que freqüenta o imaginário gay, e é facilmente encontrado nessas revistas especializadas.

*A Morte de Narciso*, apesar de ter a moldura de textos de Mário Faustino, Jorge de Lima, novamente de Lúcio e de Walmir, convoca os protótipos masculinos da zona sul e do subúrbio carioca, travestidos de belos rapazes greco-romanos saídos das comédias da Atlântida, para dizê-los seriamente. Como se o filme recriasse aquela ideologia dessa geração de homossexuais que foi a de Alair Gomes – sobre cujas fotografias trata o documentário poético – que necessitava dessa cultura da Antiguidade para dignificar o seu desejo. Mas que não resistia à passagem do bloco carnavalesco Cacique de Ramos.

Agora, no momento em que certa parcela da imprensa acredita que eu seja finalmente um diretor de comédias, quero fazer um filme diferente de todos – o crítico Carlos Alberto de Mattos já disse numa entrevista que o meu cinema não se enquadra em nenhuma dessas correntes que nortearam os cineastas meus contemporâneos.

E é sob esse desejo, sob essa necessidade de transgredir o meu próprio discurso que talvez justifique a minha vontade de criar uma equipe de técnicos oriundos das Oficinas que venho realizando nesses últimos anos – para embebedar o meu cinema da urgência e da coragem desses jovens herdeiros do mundo que estamos deixando para eles.

## Capítulo XXXI
## Prazer, Afeto e Dignidade

Nesses anos todos, veio do cinema quase tudo o que eu tenho de bom – o pequeno apartamento que comprei em um lugar privilegiado do Jardim Botânico, no meio da mata atlântica cheia de micos, macacos, preguiças, tucanos, silêncio para trabalhar em paz e vizinhos muito queridos – a começar pela Paula Burlamaqui, que se tornou atriz de meus filmes, irmã e confidente – e a minha própria vida, por vezes movimentada pelas estréias de filmes e de peças – que freqüento quase sempre com minha amiga de infância Ana Ovalle Ribeiro ou com o Ney Latorraca.

Sou uma pessoa que vive em função de ter amigos em volta. Tem um grupo que freqüento há anos, e que inclui além da Ana, da Paulinha e do Ney, o ator e diretor Edy Botelho, o ator Paulo Cesar Grande, a mulher dele, Cláudia Mauro, e o fotógrafo Alisson Prodlik – pessoas do meu cotidiano.

O meu mestre Nelson Pereira dos Santos é uma espécie de pai-de-santo, que visito uma vez ou outra pra consultar e pelo prazer da sua companhia. Os meus assistentes Pietro Grassia e Luciano Perez, e alguns dos meus alunos que se tornaram amigos, freqüentam a minha casa.

Com Paula Burlamaqui

*Com Ney Latorraca (2006)*

Com os amigos Cláudia Mauro e Paulo César Grande

*Em sua casa com Norma Bengell, Ney Latorraca e Edy Botelho*

Gosto de misturar o trabalho com o afeto numa coisa só. A vida profissional e pessoal emaranhadas, a minha casa sempre cheia dessa gente, trabalhando, se divertindo e fazendo planos. Recebo muita gente que conheço pelo País, nos meus *workshops*, em festivais e pelo mundo, e que trocam comigo uma correspondência virtual regularmente, quando trocamos figurinhas sobre cinema, literatura, pintura, dúvidas profissionais deles. A todos os lugares em que vou faço amizades – muitas delas transformadas em futuros trabalhos, como é o caso dos meus atuais colaboradores (o Pietro e o Luciano) e do Luiz Felipe Fernandes Filho, ou fraternas relações como com os diretores Eric Laurence (de Pernambuco), Gui Castor (de Vitória), Taciano Valério (da Paraíba), Pedro Novaes (Goiás) e uma infinidade de mineiros – resultado de minha permanente presença já em uma década de Mostra de Cinema de Tiradentes e, mais recentemente, na de Ouro Preto.

No mundo, tenho ex-alunos que visito e com os quais me correspondo no Chile, em Cuba, em Portugal, na Espanha e na Itália – herança de minha estada na Escola de Cinema de Cuba. Meus itinerários de viagem são, quase sempre, predeterminados por passagens nesses lugares. Aliás, a maioria dos cubanos que era de funcionários da Escola, e hoje visito na Europa ou nos Estados Unidos, fugiram da fome e da ditadura. Outra coisa que prezo são algumas pessoas que amei e que me amaram de verdade, com quem tive romances. Veja, estou gravando na casa da Thamar em São Paulo, que foi minha grande paixão há 38 anos atrás. Não é que a gente se vê de vez em quando, não. Falamos todas as semanas. A Thamar ficou em minha vida; poucas pessoas mantêm um relacionamento de tantos anos. O Ney é meu amigo há 17 anos, Paulo César Grande há 20. A Paula há 10. A Ana Magalhães é minha amiga desde 1969. Isso sem falar em amigos da infância há mais de 50 anos, que a gente se reencontra freqüentemente.

Foi o cinema que me deu, principalmente, muitas dessas amizades e a possibilidade de conhecer o mundo. Conheci a América Latina inteira por um interesse despertado na minha estada em Cuba e depois, no governo Fernando Henrique, a convite do Itamaraty e de algumas entidades internacionais, para realizar palestras e debates de difusão do nosso cinema. Fui aos Estados Unidos primeiro a convite da OEA (embaixatriz Gláucia Baena Soares – que promovia o America's Film Festival), depois pelo trabalho (pesquisa do meu filme *For All*), para festivais de filmes latinos realizados por grandes estúdios ou independentes, e também para rever amigos que fiz por lá nas minhas primeiras idas.

*Com sua amiga Dora Silveira*

*Com Ana Maria Magalhães, no Festival de Recife (2005)*

Com os alunos de sua Oficina em Tiradentes (2005)

*Com seu assistente Luiz Felipe Fernandes (2003)*

*Sua secretária e amiga Eva Maria Sotero*

Com as amigas de infância Célia Dabus, Ana Ovalle, Maria Lucia Batalha e Ana Falaschi

Ásia, África, Oceania, Europa... A todos esses lugares foi o cinema que me levou – de uma forma ou de outra. A cada filme que faço, separo um dinheiro com a finalidade de viajar, conhecer lugares, gente, rever as pessoas.

Sou ateu e não acredito em outra vida, quero aproveitar esta o máximo possível – porque sei que é única! Não tenho, e nem nunca tive, fantasias de riqueza. Minha riqueza é minha história, meus filmes, meus amores e amizades. Gosto do reconhecimento – não esse reconhecimento imediatista do que se convencionou rotular de o mundo das celebridades. Mas o reconhecimento do meu trabalho, de alguma coisa que penso e que, seja através de meus filmes ou de declarações públicas, foi útil para a vida das pessoas. Até hoje, volta e meia encontro gente que vem me agradecer pela mudança que o filme *Leila Diniz* proporcionou à vida delas. Mulheres, principalmente, que estavam infelizes, malresolvidas, e que o filme ajudou a detonar um processo irreversível de mudança. Ou homossexuais, que têm ou tiveram em mim e nos meus filmes, forte referencial de afirmação da identidade. Um deles – que se tornou meu amigo – o Jean Wyllys.

Adoro viajar e gosto muito também de ficar em casa, especialmente com quem estou casado. Eu gosto de estar casado. Parece mentira, mas eu – que ajudei a fazer a revolução sexual no meu País (como já escreveu meu psicanalista Eduardo Mascarenhas, na apresentação do livro que escrevi sobre Leila Diniz), hoje saboreio o que para mim está significando uma nova transgressão: a monogamia. Gosto de estar com o meu companheiro, o maior tempo possível. Com os amigos em volta, de preferência na cozinha – um dos seus reinos. Com a maturidade adquiri um hábito dantes nunca navegado: assistir telenovelas. Somente as da Glória Perez (que deu uma grande colaboração ao roteiro do *Leila Diniz* – está nos créditos), do Manoel Carlos e do Gilberto Braga. Em síntese, o que quero é continuar tendo uma vida com dignidade, celebrando a alegria e o prazer de viver sem preconceitos.

Quando estou filmando é o momento de plenitude. Divirto-me muito quando trabalho. As equipes e os atores gostam muito de trabalhar comigo porque a atmosfera do meu set de filmagem é, certamente, de muito profissionalismo, mas de muita alegria. Rimos muito! De prazer pelo o que estamos realizando, e pela delícia da fruição desses relacionamentos que se estabelecem. Com isso, vou agregando, em cada novo filme, além dos atores com quem já conto em filmes anteriores, novas pessoas que convido e que se aproximam curiosas e atraídas por essa fama de alto astral que tem o meu ambiente de trabalho. *E la nave va...*

Filma-se menos do que gostaríamos de filmar. Por muitas razões, econômicas e políticas. Mas vou realizando, pouco a pouco, os filmes que quero filmar. Isso acontece também com os técnicos – sempre trabalho com um novo diretor de fotografia – porque acredito que há menos filmes do que eles mereçam. Então, ou convido um jovem, que está na hora de realizar a sua primeira fotografia em longa (como nos meus primeiros filmes), ou um fotógrafo que não é tão jovem mas que é um grande artista e filma pouco. Essa gente vem com um tesão tão grande quanto o meu – e o resultado da imagem do filme não poderia traduzir melhor a minha paixão pela estória que eu estou querendo contar naquele momento!

Os assistentes: isto é um problema, porque tem os que me acompanham na *entressafra*, entre um longa e outro. Participam dos projetos, me assistem nos *workshops* quando há filmagem, fazem os meus vídeos, os programas especiais que o Canal Brasil me convida pra dirigir. O Pietro, por exemplo, conheci numa dessas oficinas há uns 3 anos. Hoje é ele quem enquadra meus projetos nos editais, faz a análise técnica dos roteiros, orçamentos, cuida da parte burocrática e do set. O Luciano já escreveu uma monografia sobre meus filmes, e dirigiu um *Retrato* sobre mim para o Canal Brasil. O Luiz Felipe foi meu assistente no *Viva Sapato!*, câmera e fotógrafo no *A Morte de Narciso* e, agora, junto com a irmã, Ana Regina e o também sócio Alex Baxter – que eu chamo de *Tarzan das Alterosas* – vai produzir meu próximo longa.

Mas, além deles, tem a meninada das Oficinas. Pessoas que se tornam – através do cinema – amigas, e cujo crescimento profissional eu acompanho. Já me emocionei muito quando, por exemplo, o jovem e festejado diretor mineiro Leandro HBL me dedicou, no Vitória Cine Vídeo, o seu primeiro prêmio! Ou quando fui levantado do chão pelos curta-metragistas presentes à homenagem que o Festival Guarnicê, de São Luís do Maranhão, me prestou pelos meus 40 anos de cinema, em 2005! Pois essa meninada que se corresponde comigo cria uma cumplicidade, uma verdadeira torcida, e, naturalmente, certa expectativa com relação à oportunidade de trabalhar comigo. É uma responsabilidade!

No *For All* – que tinha recursos e muitíssimo trabalho – entre assistentes e estagiários, eram 11! Do Rio, de Natal e até da Nicarágua, um ex-aluno da Escola de Cuba, que foi assistente do Ken

Loach. No *Viva Sapato!* eram 26 estagiários alunos do Curso de Cinema da Universidade Estácio de Sá, onde eu fui professor. Comigo na direção eram dois (o Luciano e o Arnaldo Faria – que hoje trabalha com o Gulane, em São Paulo), e o mineiro Luiz Felipe.

Por que esse fascínio da juventude? Porque eu me sinto também fascinado por essa paixão que eu também tinha pelo cinema, na idade deles. E que – como no conto da Clarice Lispector – parece que não passa, não arrefece. É nesse ambiente que respiro maior liberdade, comunicação e tesão pelo fazer cinematográfico. E também pela vida. Os meus melhores amigos também estão entre eles.

Os cineastas da minha geração não falam mais de cinema. Só falam de dinheiro e de política. Os jovens estão cheios de idéias, generosos, sem picuinhas entre si. Torcem pelos seus filmes – sem fronteiras. Para eles não existe cinema paulista, carioca, do eixo, fora do eixo, B.O. ou *blockbuster*, 35 mm ou digital. Tudo é linguagem. Tudo é imagem! Tudo é Verdade!

## A Obra

A seguir, em ordem cronológica, a obra cinematográfica de Luiz Carlos Lacerda. No primeiro bloco, os filmes que dirigiu. No segundo, os filmes que contaram com a sua participação em diversas áreas. Os longas-metragens têm o sufixo LM, os médias-metragens MM, e os curtas-metragens, CM.

## Direção

**1967**
• *Odóia-67*
Sobre a festa de Iemanjá, CM em 16 mm

**1968**
• *O Enfeitiçado*
A vida e a obra do escritor Lúcio Cardoso, CM em 35 mm
• *Angelo Agostini, sua Pena e sua Espada*
A vida e a obra do famoso cartunista, CM em 35 mm

**1970**
• *Conversa de Botequim*
O encontro de três grandes figuras da música popular: João da Bahiana, Donga e Pixinguinha, CM em 35 mm

## 1971
• *Nelson Filma*
Documentário sobre o cineasta Nelson Pereira dos Santos em meio às realizações de alguns de seus filmes, CM em 35 mm
• *Kako de Vydro*
A vida do compositor Jards Macalé, CM em 35 mm

## 1972
• *O Sereno Desespero*
Antologia que dramatiza poemas de Cecília Meireles; narração de Isabel Ribeiro, CM em 35 mm
• *Mãos Vazias*
Em pequena cidade de Minas Gerais, o conflito que surge entre um casal de formação católica e outro, mais libertário, que já não acredita no matrimônio.
Drama baseado em romance de Lúcio Cardoso, LM em 35 mm.
Com Leila Diniz, José Kleber, Irene Stefânia, Ana Maria Magalhães, Arduíno Colasanti, Nildo Parente, Hélio Fernando, Ana Maria Miranda

## 1973
• *O Homem e Sua Hora*
A vida e a obra do poeta Mário Faustino, CM em 35 mm

O Homem e sua Hora, *com Arduíno Colasanti*

O Homem e sua Hora, *com Arduíno Colasanti*

**1978**
• *Briga de Galos*
Documentário sobre essa disputa, filmado em Paraty, CM em 35 mm

**1979**
• *O Princípio do Prazer*
Na década de 1930, em uma fazenda, a vida decadente e algo incestuosa de dois casais de irmãos tem um mistério que pode ser esclarecido com a chegada de um novo empregado.
Drama escrito pelo diretor e por Raymundo Higino, LM em 35 mm
Com Odete Lara, Paulo Villaça, Ana Maria Miranda, Carlos Alberto Riccelli, Luiz Antônio Magalhães, José Kleber, Nildo Parente, Nuno Leal Maia.

**1980**
• *O Acendedor de Lampiões*
Ficção em Paraty, a partir de um poema de Murilo Mendes, CM em 35 mm
Com Ana Maria Magalhães, Nildo Parente, Cláudio Balthar, Thereza Freyre
• *Trilhos Urbanos*
Documentário sobre o bairro de Santa Teresa, no Rio de Janeiro, produção feita para a TV Educativa, CM em 35 mm

**1982**

• *Dor Secreta*
Sobre o compositor Ernesto Nazareth. Com Ana Miranda, José Kleber e narração de Nildo Parente, CM em 35 mm

**1987**

• *Leila Diniz*
A vida da atriz Leila Diniz em meio aos seus amores e aos seus trabalhos artísticos na TV, no teatro e no cinema, e das polêmicas que provocou em plena ditadura militar.
Biografia escrita para o cinema pelo diretor, LM em 35 mm
Com Louise Cardoso, Stênio Garcia, Carlos Alberto Riccelli, Antônio Fagundes, Rômulo Arantes, Yara Amaral, Otávio Augusto, Tony Ramos, Marieta Severo, Marcos Palmeira, Hugo Carvana, Diego Villela, Paulo César Grande

**1988**

• *Entre Sem Bater*
Dramatização com cerca de 30 minutos da vida de Aparício Torelli, mais conhecido como o Barão de Itararé, com Buza Ferraz, MM em vídeo
• *Super-Helinho e os Heróis sem Agá*
São 30 filmes com um minuto cada, com bonecos de manipulação, CM em 35 mm

*Rômulo Arantes e Louise Cardoso em* Leila Diniz

**1990**

- *Caju For All*
Sobre o pintor potiguar Vatenor, CM
- *Júlio Paraty*
Sobre a vida e a obra do pintor, CM

**1992**

- *Vem para a Lapa Você também*
Criação coletiva com os alunos da Fundação Progresso, CM
- *Tanto que a Gente Gostava Dele*
Sobre o poeta Walmir Ayala, CM em 35 mm

**1994**

- *Antônio Parreiras*
Documentário sobre o pintor nascido em Niterói, CM em 35 mm
- *Quirino Campofiorito*
Documentário sobre o pintor de mesmo nome, CM em 35 mm
- *Centro Cultural Banco do Brasil*
Documentário da MultiRio, MM
- *Museu de Arte Moderna do Rio de Janeiro*
Documentário da MultiRio, MM

**1995**

- *Programas Educativos*
Vários documentários para a MultiRio, MM

**1997**
• *For All – O Trampolim da Vitória*
Várias histórias abrangendo a presença dos militares norte-americanos na cidade de Natal, durante a Segunda Guerra Mundial.
Comédia dramática com roteiro original de Lacerda, Buza Ferraz e Joaquim Assis ; co-direção: Buza Ferraz, LM em 35 mm
Com José Wilker, Betty Faria, Paulo Gorgulho, Alexandre Lippiani, Luiz Carlos Tourinho, Edson Celulari, Cláudia Mauro, Paulo César Grande, Caio Junqueira, Alexandre Barros, Catarina Abdala

**1998**
• Tinoco
Documentário sobre a vida e a obra de João Tinoco de Freitas, cineasta e pai do diretor. Produzido para o Canal Brasil, MM em 35 mm

**1999/2000**
• *A Formação da Gastronomia Brasileira*
Série de 30 programas específicos, produzidos pelo Senac, MM

**2002**
• *Viva Sapato!*
Comédia escrita pelo diretor, LM em 35 mm
Com Isadora Ribeiro, Laura Ramos, Vladimir Cruz, Irene Ravache, José Wilker, Maria Galiana, Paula Burlamaqui, Ney Latorraca, Maitê

Proença, Jorge Sanz, Cláudia Mauro, Caio Junqueira, Ângela Vieira

• *Parada Gay*
Documentário realizado com os alunos da Universidade Estácio de Sá sobre a Parada do Orgulho Gay no Rio de Janeiro, CM em 35 mm

**2003**
• *A Morte de Narciso*
Sobre a obra do fotógrafo Alair Gomes. Com Rodney Pereira, Frank Borges, Fabrício Valverde, MM em 35 mm

**2006**
• *Arduíno Colasanti*
Sobre o ator com depoimentos da jornalista e irmã Marina Colasanti, de Ana Miranda, Ana Maria Magalhães e Nelson Pereira dos Santos, MM

• *Alex Viany*
Sobre o falecido crítico e cineasta, com depoimentos da atriz e filha Betina Viany, da atriz e cantora Dóris Monteiro, de Nelson Pereira dos Santos e dos críticos Alberto Shatowski e José Carlos Avelar, MM

• *Victor Arruda - Antipintura*
Sobre o pintor, com depoimentos do crítico Reynaldo Roels e do colecionador Gilberto Chateaubriand, MM

• *José Tarcisio*
Sobre o pintor, MM

• *Paulo Villaça*
Sobre a vida e a obra do falecido ator de O Bandido da Luz Vermelha, MM para a TV

## Participações

As seguir, longas e curtas em 35 mm que contaram com o trabalho de Lacerda, seguidos da função que ocupou, do nome do diretor e parte do elenco. Só os curtas estão assinalados (CM).

**1966**
• *Onde a Terra Começa*
Assistente de direção
Diretor: Ruy Santos - Com Luigi Picchi, Irma Alvarez, Maurício Nabuco, Ecchio Reis

**1967**
• *El Justicero*
Assistente de direção
Diretor: Nelson Pereira dos Santos. Com Arduíno Colasanti, Adriana Prieto, Márcia Rodrigues, Zózimo Bulbul
• *A História do Bonde*
CM, Diretor de produção
Diretor: Eduardo Ruegg
• *Os Vencedores*
CM, Diretor de produção
Diretor: Rodolfo Nanni

**1968**

- *A Batalha dos Sete Anos*
CM, Diretor de produção
Diretor: Alfredo Sternheim
- *Fome de Amor*
Assistente de direção
Diretor: Nelson Pereira dos Santos. Com Leila Diniz, Arduíno Colasanti, Irene Stefânia, Paulo Porto
- *Panorama do Cinema Brasileiro*
Assistente de produção
Diretor: Jurandyr Noronha
- *João Tem Medo* (inacabado)
Ator
Diretor: Carlos Frederico. Com Rubens Correia, Gabriela Rabelo, Clementino Kelé, Danilo Caymmi

**1969**

- *Carmen Santos*
CM sobre a famosa atriz e cineasta
Assistente de direção
Diretor: Jurandyr Noronha
- *Máscara da Traição*
Assistente de direção
Diretor: Roberto Pires. Com Glória Menezes, Tarcísio Meira, Flávio Migliaccio, Cláudio Marzo

**1970**

- *Adhemar Gonzaga, 70 anos de Brasil*
CM sobre o famoso cineasta

Assistente de direção
Diretor: Jurandyr Noronha
• *Azyllo Muito Louco*
Assistente de direção
Diretor: Nelson Pereira dos Santos. Com Nildo Parente, Isabel Ribeiro, Leila Diniz, Arduíno Colasanti

**1971**
• *Como Era Gostoso Meu Francês*
Assistente de direção e ator
Diretor: Nelson Pereira dos Santos. Com Arduíno Colasanti, Ana Maria Magalhães, Ana Maria Miranda, José Kléber

**1972**
• *Quem é Beta?*
Assistente de direção, cenógrafo, figurinista, ator
Diretor: Nelson Pereira dos Santos. Com Fréderic de Pasquale, Sylvie Fennec, Regina Rosemburgo, Isabel Ribeiro

**1974**
• *O Amuleto de Ogum*
Assistente de direção, cenógrafo, figurinista
Diretor: Nelson Pereira dos Santos. Com Jofre Soares, Anecy Rocha, Ney Sant'Anna, Emmanuel Cavalcanti

**1975**

• *Nem os Bruxos Escapam*
Diretor de produção
Diretor: Valdi Ercolani. Com Paulo César Pereio, Elza Gomes, Cristina Aché, Nildo Parente
• *As Aventuras Amorosas de um Padeiro*
Diretor de produção
Diretor: Waldyr Onofre. Com Paulo César Pereio, Maria do Rosário, Haroldo de Oliveira, Ivan Setta

**1976**

• *Marcados para Viver*
Ator
Diretor: Maria do Rosário. Com Waldyr Onofre, Tessy Callado, Sérgio Otero, Louise Cardoso
• *O Pai do Povo*
Diretor de produção
Diretor: Jô Soares. Com Jô Soares, Teresa Austregésilo, Agildo Ribeiro, Glória Cristal

**1977**

• *Gordos e Magros*
Diretor de produção
Diretor: Mário Carneiro. Com Tônia Carrero, Carlos Kroeber, Nelson Xavier, Maria Silvia
• *Ajuricaba, o Rebelde da Amazônia*
Diretor de produção

Diretor: Oswaldo Caldeira. Com Rinaldo Genes, Sura Berditchewski, Paulo Villaça, Nildo Parente
• *Cordão de Ouro*
Diretor de produção
Diretor: Antônio Carlos Fontoura. Com Zezé Motta, Jofre Soares, Antônio Pitanga, Nestor Capoeira
• *Gente Fina é Outra Coisa*
Diretor de produção
Diretor: Antônio Calmon. Com Ney Sant'Ana, Maria Lúcia Dahl, Márcia Rodrigues, Selma Egrei

**1978**
• *Chuvas de Verão*
Diretor de produção
Diretor: Carlos Diegues. Com Jofre Soares, Miriam Pires, Rodolfo Arena, Cristina Aché
• *O Cortiço*
Planejamento de produção
Diretor: Francisco Ramalho. Com Betty Faria, Mário Gomes, Beatriz Segall, Armando Bógus

**1979**
• *A República dos Assassinos*
Diretor de produção e ator
Diretor: Miguel Faria Jr. Com Tarcísio Meira, Sandra Bréa, Anselmo Vasconcelos, Sílvia Bandeira

* *Amor Bandido*
Diretor de produção
Diretor: Bruno Barreto. Com Paulo Gracindo, Cristina Aché, Paulo Guarnieri, Lígia Diniz

**1980**
* *Parceiros da Aventura*
Ator
Diretor: José Medeiros. Com Milton Gonçalves, Isabel Ribeiro, Procópio Mariano, Louise Cardoso

**1981**
* *Eu Te Amo*
Diretor de produção
Diretor: Arnaldo Jabor. Com Sônia Braga, Vera Fischer, Tarcísio Meira, Paulo César Pereio

**1982**
* *Luz del Fuego*
Ator
Diretor: David Neves. Com Lucélia Santos, Walmor Chagas, Helber Rangel, Ivan Cândido

**1983**
* *Bar Esperança, o Último que Fecha*
Diretor de produção
Diretor: Hugo Carvana. Com Marília Pêra, Hugo Carvana, Sílvia Bandeira, Paulo César Pereio

**1984**
- *Tensão no Rio*

Diretor de produção
Diretor: Gustavo Dahl. Com Anselmo Duarte, Norma Bengell, Lilian Lemmertz, Nelson Xavier

**1985**
- *O Rei do Rio*

Produtor artístico
Diretor: Fábio Barreto. Com Nuno Leal Maia, Nelson Xavier, Andréia Beltrão, Tessy Callado
- *Tropclip*

Ator
Diretor: Luiz Fernando Goulart. Com Tânia Nardini, Marcos Frota, Ticiana Studart, Carlos Loffler
- *Chico Rey*

Diretor de produção
Diretor: Walter Lima Júnior. Com Alexander Allerson, Antônio Pitanga, Cláudio Marzo, Maria Fernanda

**1986**
- *O Homem da Capa Preta*

Diretor de produção
Diretor: Sérgio Rezende. Com José Wilker, Marieta Severo, Paulo Villaça, Jonas Bloch

**2000**

• *Minha Vida em Suas Mãos*
Ator
Diretor: José Antônio Garcia. Com Maria Zilda Bethlem, Caco Ciocler, Cristina Aché, Suely Franco

**2001**

• *Conexão Brasil*
Supervisor de produção
Diretor: Antônio Marcos Ferreira. Com Talício Sirino, Sally Machado, Chico Nogueira, Marcelo Callier

**2003**

• *O Ovo*
Roteiro, CM adaptado de texto de Clarice Lispector
Diretora: Nicole Algranti

Na TV Globo, foi produtor executivo das telenovelas *Pão, Pão, Beijo, Beijo* (1982), *Paraíso* (1982) e *Guerra dos Sexos* (1983), e de vários programas da série *Quarta Nobre* (1990).

**Escritor**

Publicou poesias em diversas antologias:
• *Novos poetas* (Ed. São José, 1960)
• *A Novíssima Poesia Brasileira* (Ed. Cadernos brasileiros, 1965)

- *Poetas Novos do Brasil* (Ed. Mec, 1970), as três últimas organizadas por Walmir Ayala
- *Poemas do Amor Maldito* (Ed. Brasilia 1992), suplementos literários e revistas.
- Publicou uma biografia de Leila Diniz, (Ed. Record,1987)
- Tem um livro de poesia no prelo, *Pedra Sonora* (Ed. Letras Contemporâneas/ SC)

**Prêmios**

**1987**
- *Leila Diniz*
Melhor longa-metragem pelo Júri Popular do 20º Festival de Cinema de Brasília
Melhor roteiro no 4º Rio-Cine Festival, no Rio de Janeiro
Melhor filme do ano, prêmio Leon Hirszman do Governo do Estado do Rio de Janeiro

**1988**
- *Entre Sem Bater*
Melhor vídeo do júri popular na Jornada de Cinema de São Luís do Maranhão

**1997**
- *For All – o Trampolim da Vitória*
Kikito de Ouro de melhor filme no Festival de Gramado

Kikito de Ouro de melhor roteiro no Festival de Gramado
Prêmio de melhor filme do júri popular no Festival de Gramado

**1998**
• *For All – o Trampolim da Vitória*
Troféu Crystal Lens de melhor filme no Miami Brazilian Film Festival

**2003**
• *Viva Sapato!*
Melhor filme do Júri Popular do Miami Brazilian Film Festival

**Ganhou os seguintes títulos:**

**1999** - Cidadão potiguar, pela Câmara dos Vereadores de Natal

**2003** - Moção pela luta em defesa dos direitos dos homossexuais, pela Assembléia Legislativa do Rio de Janeiro

**2006** - Cidadão de Paraty pela Câmara dos Vereadores de Paraty

ode e o amigo fotógrafo Alisson Prodlik (2005)

# Índice

| | |
|---|---|
| Apresentação - Hubert Alquéres | 05 |
| Introdução | 13 |
| A Família | 17 |
| Cinema e Festa | 23 |
| A Efervescência de Copacabana | 27 |
| Poesia e Política | 31 |
| A Sexualidade e o Respeito | 39 |
| Golpe, Amor e Cinema | 45 |
| As lições de Nelson Pereira dos Santos | 49 |
| O Primeiro Filme | 53 |
| O INC | 57 |
| Exílio em Paraty | 61 |
| O Primeiro Longa | 69 |
| A Paixão por Thamar | 75 |
| A Importância de Leila Diniz | 81 |
| A Esquerda e as Drogas | 89 |
| Dando a Volta | 93 |
| Encontro com Clarice | 99 |
| Reativando o Diretor | 103 |
| Passando pela Globo | 111 |
| O Filme *Leila Diniz* | 119 |
| Acaba a Embrafilme | 127 |
| A Experiência Cubana | 131 |

| | |
|---|---|
| O Retorno ao Brasil | 139 |
| Entre Dois Amores | 145 |
| Um Caipira em Hollywood | 157 |
| Recompondo a Figura Paterna | 161 |
| Evocando Cuba | 165 |
| A Luta Continua | 173 |
| A Alegria no Trabalho | 177 |
| Toda Nudez será Permitida | 179 |
| Metodologia & Planos | 183 |
| Prazer, Afeto e Dignidade | 193 |
| A Obra | 213 |

## Créditos das fotografias

Alair Gomes 42

Alisson Prodlik 182, 195

André Naldoni 86

César Pilati 212

Clovis Scarpino 80

Leonardo Lara 202

Luis Rodrigo Otávio 74

Marcelo Jesuíno 123

Paulo Jabur 117

Rogério Noel 68

Ruy Santos 26

Vera Bungarten 108

Zeca Guimarães 146, 147, 181

Demais fotografias: acervo pessoal de Luiz Carlos Lacerda

# Coleção Aplauso

**Série Cinema Brasil**

*Alain Fresnot – Um Cineasta sem Alma*
Alain Fresnot

*Anselmo Duarte – O Homem da Palma de Ouro*
Luiz Carlos Merten

*Ary Fernandes – Sua Fascinante História*
Antônio Leão da Silva Neto

*Bens Confiscados*
Roteiro comentado pelos seus autores Daniel Chaia
e Carlos Reichenbach

*Braz Chediak – Fragmentos de uma Vida*
Sérgio Rodrigo Reis

*Cabra-Cega*
Roteiro de Di Moretti, comentado por Toni Venturi
e Ricardo Kauffman

*O Caçador de Diamantes*
Roteiro de Vittorio Capellaro, comentado por Máximo Barro

*Carlos Coimbra – Um Homem Raro*
Luiz Carlos Merten

*Carlos Reichenbach – O Cinema Como Razão de Viver*
Marcelo Lyra

*A Cartomante*
Roteiro comentado por seu autor Wagner de Assis

*Casa de Meninas*
Romance original e roteiro de Inácio Araújo

*O Caso dos Irmãos Naves*
Roteiro de Jean-Claude Bernardet e Luis Sérgio Person

*Como Fazer um Filme de Amor*
Roteiro escrito e comentado por Luiz Moura e José Roberto Torero

**Críticas de Edmar Pereira – Razão e Sensibilidade**
Org. Luiz Carlos Merten

**Críticas de Jairo Ferreira – Críticas de invenção:
Os Anos do São Paulo Shimbun**
Org. Alessandro Gamo

**Críticas de Luiz Geraldo de Miranda Leão –
Analisando Cinema: Críticas de LG**
Org. Aurora Miranda Leão

**Críticas de Ruben Biáfora – A Coragem de Ser**
Org. Carlos M. Motta e José Júlio Spiewak

**De Passagem**
Roteiro de Cláudio Yosida e Direção de Ricardo Elias

**Desmundo**
Roteiro de Alain Fresnot, Anna Muylaert e Sabina Anzuategui

**Djalma Limongi Batista – Livre Pensador**
Marcel Nadale

**Dogma Feijoada: O Cinema Negro Brasileiro**
Jeferson De

**Dois Córregos**
Roteiro de Carlos Reichenbach

**A Dona da História**
Roteiro de João Falcão, João Emanuel Carneiro e Daniel Filho

**Fernando Meirelles – Biografia Prematura**
Maria do Rosário Caetano

**Fome de Bola – Cinema e Futebol no Brasil**
Luiz Zanin Oricchio

**Guilherme de Almeida Prado – Um Cineasta Cinéfilo**
Luiz Zanin Oricchio

**Helvécio Ratton – O Cinema Além das Montanhas**
Pablo Villaça

***O Homem que Virou Suco***
Roteiro de João Batista de Andrade, organização de Ariane Abdallah e Newton Cannito

***João Batista de Andrade – Alguma Solidão e Muitas Histórias***
Maria do Rosário Caetano

***Jorge Bodanzky – O Homem com a Câmera***
Carlos Alberto Mattos

***José Carlos Burle – Drama na Chanchada***
Máximo Barro

***Maurice Capovilla – A Imagem Crítica***
Carlos Alberto Mattos

***Narradores de Javé***
Roteiro de Eliane Caffé e Luís Alberto de Abreu

***Pedro Jorge de Castro – O Calor da Tela***
Rogério Menezes

***Ricardo Pinto e Silva – Rir ou Chorar***
Rodrigo Capella

***Rodolfo Nanni – Um Realizador Persistente***
Neusa Barbosa

***Ugo Giorgetti – O Sonho Intacto***
Rosane Pavam

***Viva-Voz***
Roteiro de Márcio Alemão

***Zuzu Angel***
Roteiro de Marcos Bernstein e Sergio Rezende

**Série Crônicas**

***Crônicas de Maria Lúcia Dahl – O Quebra-cabeças***
Maria Lúcia Dahl

**Série Cinema**

*Bastidores – Um Outro Lado do Cinema*
Elaine Guerini

**Série Ciência & Tecnologia**

*Cinema Digital – Um Novo Começo?*
Luiz Gonzaga Assis de Luca

**Série Teatro Brasil**

*Alcides Nogueira – Alma de Cetim*
Tuna Dwek

*Antenor Pimenta – Circo e Poesia*
Danielle Pimenta

*Cia de Teatro Os Satyros – Um Palco Visceral*
Alberto Guzik

*Críticas de Clóvis Garcia – A Crítica Como Oficio*
Org. Carmelinda Guimarães

*Críticas de Maria Lucia Candeias – Duas Tábuas
e Uma Paixão*
Org. José Simões de Almeida Júnior

*João Bethencourt – O Locatário da Comédia*
Rodrigo Murat

*Leilah Assumpção – A Consciência da Mulher*
Eliana Pace

*Luís Alberto de Abreu – Até a Última Sílaba*
Adélia Nicolete

*Maurice Vaneau – Artista Múltiplo*
Leila Corrêa

*Renata Palottini – Cumprimenta e Pede Passagem*
Rita Ribeiro Guimarães

*Teatro Brasileiro de Comédia – Eu Vivi o TBC*
Nydia Licia

*O Teatro de Alcides Nogueira – Trilogia: Ópera Joyce – Gertrude Stein, Alice Toklas & Pablo Picasso – Pólvora e Poesia*
Alcides Nogueira

*O Teatro de Ivam Cabral – Quatro textos para um teatro veloz: Faz de Conta que tem Sol lá Fora – Os Cantos de Maldoror – De Profundis – A Herança do Teatro*
Ivam Cabral

*O Teatro de Noemi Marinho: Fulaninha e Dona Coisa, Homeless, Cor de Chá, Plantonista Vilma*
Noemi Marinho

*Teatro de Revista em São Paulo – De Pernas para o Ar*
Neyde Veneziano

*O Teatro de Samir Yazbek: A Entrevista – O Fingidor – A Terra Prometida*
Samir Yazbek

*Teresa Aguiar e o Grupo Rotunda – Quatro Décadas em Cena*
Ariane Porto

**Série Perfil**

*Aracy Balabanian – Nunca Fui Anjo*
Tania Carvalho

*Ary Fontoura – Entre Rios e Janeiros*
Rogério Menezes

*Bete Mendes – O Cão e a Rosa*
Rogério Menezes

*Betty Faria – Rebelde por Natureza*
Tania Carvalho

**Carla Camurati – Luz Natural**
Carlos Alberto Mattos

**Cleyde Yaconis – Dama Discreta**
Vilmar Ledesma

**David Cardoso – Persistência e Paixão**
Alfredo Sternheim

**Emiliano Queiroz – Na Sobremesa da Vida**
Maria Leticia

**Etty Fraser – Virada Pra Lua**
Vilmar Ledesma

**Gianfrancesco Guarnieri – Um Grito Solto no Ar**
Sérgio Roveri

**Glauco Mirko Laurelli – Um Artesão do Cinema**
Maria Angela de Jesus

**Ilka Soares – A Bela da Tela**
Wagner de Assis

**Irene Ravache – Caçadora de Emoções**
Tania Carvalho

**Irene Stefania – Arte e Psicoterapia**
Germano Pereira

**John Herbert – Um Gentleman no Palco e na Vida**
Neusa Barbosa

**José Dumont – Do Cordel às Telas**
Klecius Henrique

**Leonardo Villar – Garra e Paixão**
Nydia Licia

**Lília Cabral – Descobrindo Lília Cabral**
Analu Ribeiro

**Marcos Caruso – Um Obstinado**
Eliana Rocha

**Maria Adelaide Amaral – A Emoção Libertária**
Tuna Dwek

**Marisa Prado – A Estrela, O Mistério**
Luiz Carlos Lisboa

**Miriam Mehler – Sensibilidade e Paixão**
Vilmar Ledesma

**Nicette Bruno e Paulo Goulart – Tudo em Família**
Elaine Guerrini

**Niza de Castro Tank – Niza, Apesar das Outras**
Sara Lopes

**Paulo Betti – Na Carreira de um Sonhador**
Teté Ribeiro

**Paulo José – Memórias Substantivas**
Tania Carvalho

**Pedro Paulo Rangel – O Samba e o Fado**
Tania Carvalho

**Reginaldo Faria – O Solo de Um Inquieto**
Wagner de Assis

**Renata Fronzi – Chorar de Rir**
Wagner de Assis

**Renato Consorte – Contestador por Índole**
Eliana Pace

**Rolando Boldrin – Palco Brasil**
Ieda de Abreu

**Rosamaria Murtinho – Simples Magia**
Tania Carvalho

**Rubens de Falco – Um Internacional Ator Brasileiro**
Nydia Licia

**Ruth de Souza – Estrela Negra**
Maria Ângela de Jesus

**Sérgio Hingst – Um Ator de Cinema**
Máximo Barro

**Sérgio Viotti – O Cavalheiro das Artes**
Nilu Lebert

**Silvio de Abreu – Um Homem de Sorte**
Vilmar Ledesma

**Sonia Oiticica – Uma Atriz Rodrigueana?**
Maria Thereza Vargas

**Suely Franco – A Alegria de Representar**
Alfredo Sternheim

**Tatiana Belinky – ... E Quem Quiser Que Conte Outra**
Sérgio Roveri

**Tony Ramos – No Tempo da Delicadeza**
Tania Carvalho

**Vera Holtz – O Gosto da Vera**
Analu Ribeiro

**Walderez de Barros – Voz e Silêncios**
Rogério Menezes

**Zezé Motta – Muito Prazer**
Rodrigo Murat


**Especial**

**Agildo Ribeiro – O Capitão do Riso**
Wagner de Assis

**Carlos Zara – Paixão em Quatro Atos**
Tania Carvalho

**Cinema da Boca – Dicionário de Diretores**
Alfredo Sternheim

**Dina Sfat – Retratos de uma Guerreira**
Antonio Gilberto

**Eva Todor – O Teatro de Minha Vida**
Maria Angela de Jesus

*Eva Wilma – Arte e Vida*
Edla van Steen

*Gloria in Excelsior – Ascensão, Apogeu e Queda do Maior Sucesso da Televisão Brasileira*
Álvaro Moya

*Lembranças de Hollywood*
Dulce Damasceno de Britto, organizado por Alfredo Sternheim

*Maria Della Costa – Seu Teatro, Sua Vida*
Warde Marx

*Ney Latorraca – Uma Celebração*
Tania Carvalho

*Raul Cortez – Sem Medo de se Expor*
Nydia Licia

*Sérgio Cardoso – Imagens de Sua Arte*
Nydia Licia

Formato: 12 x 18 cm

Tipologia: Frutiger

Papel miolo: Offset LD 90g/m²

Papel capa: Triplex 250 g/m²

Número de páginas: 256

Tiragem: 1.500

Editoração, CTP, impressão e acabamento:
Imprensa Oficial do Estado de São Paulo

© **imprensaoficial** 2007

**Dados Internacionais de Catalogação na Publicação
Biblioteca da Imprensa Oficial**

Sternheim, Alfredo
  Luiz Carlos Lacerda : prazer & cinema/ Alfredo Sternheim -
São Paulo : Imprensa Oficial do Estado de São Paulo, 2007.
  256p. :il. – (Coleção aplauso. Série cinema Brasil/
coordenador geral Rubens Ewald Filho)

  ISBN 978-85-7060-547-4

  1. Cinema – Produtores e Diretores – Brasil 2. Cinema
– Brasil – História 3. Lacerda, Luiz Carlos, 1945 I. Ewald
Filho, Rubens. II. Título. III. Série.

                              CDD – 791.430 981

Índices para catálogo sistemático:
  1. Cinema brasileiro : História e crítica  791.430 981
    2. Cineastas brasileiros : Biografia  791.430. 981

Foi feito o depósito legal na Biblioteca Nacional
(Lei nº 10.994, de 14/12/2004)
Direitos reservados e protegidos pela lei 9610/98

Imprensa Oficial do Estado de São Paulo
Rua da Mooca, 1921   Mooca
03103-902  São Paulo   SP
www.imprensaoficial.com.br/livraria
livros@imprensaoficial.com.br
Grande São Paulo SAC 11 5013 5108 I 5109
Demais localidades 0800 0123 401